青弓社ライブラリー 82

SEIKYUSHA LIBRARY

「平成」論

鈴木洋仁

青弓社

「平成」論　目次

装丁――伊勢功治

序章　『「平成」論』とは何か

1　平成四半世紀

「平成」はどんな時代か

「平成」という元号でくくられてから二十五年が過ぎようとする二〇一三年末、ＮＨＫとＴＢＳで相次いで「平成四半世紀」をモチーフとする番組が放送された[1]。いずれも、バブル崩壊から阪神・淡路大震災とオウム真理教事件や「十四歳の心の闇」、小泉純一郎政権誕生や世界同時多発テロ、民主党への政権交代を経て東日本大震災にいたるまでをクロノロジカルに描いている。時系列で歴史を語る営みは、材料さえ揃えれば、さして難しくはない。たとえば、ＴＢＳの番組では、「平成」という元号制定の裏側を「今はじめて明かされる」と煽ってはいるものの、これまでに報道されてきた内容を大きく覆すものではない。ＮＨＫは、山一証券の元社長や元社員たち、「Hanako」族のその後を追いかけるものの、とりたてて驚くような新事実は発見されず、平々凡々とした小市民的

図１　「平成」発表の際、書を掲げる小渕恵三官房長官（当時）
（出典：読売新聞政治部『検証 平成改元』行研出版局、1989年、156ページ）

な幸不幸を映し出した。

あらためて確かめておけば、一九八九年一月八日に始まった元号「平成」は、「昭和」にいたる歴代の元号と同じく中国の古典に依拠している。『書経』「大禹謨」編の「地平かに天成る」、および『史記』「五帝本紀」の「内平かに外成る」に基づいていて、改元当時の竹下登首相の談話によれば、「国の内外にも天地にも平和が達成される」という意味が込められている。

改元から間を置かず、十五年にわたって戦争が続いた「昭和」と比較すると、少なくとも四半世紀は平和が保たれている「平成」、といった見立ても可能だろうし、そこにそれぞれの天皇のイメージを重ねてみてもかまわないだろう。平成二十五年の誕生日に際して、「これまで天皇の役割を果たそうと努力できたことを幸せだったと思っています」と吐露した今上天皇と、昭和天皇のことばを比較してもかまわない。あるいは「昭和くさい」「昭和な感じ」や「あの人は昭和だから」といった古臭さをあらわす形容詞としての「昭和」と対比すれば、新しい「平成」の空気を感じられるかもしれない。

「平成」はあるのか／ないのか

本書は、こうした流れに棹さし、いろいろな事件や出来事に事寄せて、「平成」（という時代）とは何かを大上段から語る、わけではない。それどころか、「平成」とはいったい何なのかわからないと結論づけるのだから、著者としての責任放棄もはなはだしい。また、それこそが「平成」の特徴なのだと、本書は執拗に述べる。いわばユーレイのような、いるのかいないのかわからない、捉えどころのない時代として「平成」を位置づける。「平成」と表記する理由がここにある。そして、このユーレイのような性格と「わからないこと」の違いがどこにあるのかを問う。

いくつもの反論がすぐに予想される。

いまがまだ「平成二十六年」だから、つまり四半世紀しか経過していないからこそ特徴づけられないのだとする「渦中説」。あるいは、「平成の大合併」「平成仮面ライダー」や「平成ウルトラマン」といった、「平成」という元号へのこだわりはいたるところに見られるという「実態派」。また別の観点で言えば、元号で歴史や時代を語ることそれ自体が、「天皇制」への隷属だとする「開明派」。逆に、今上天皇が在位しているいまこそ、日本という国の主体性を回復し「平成」を称揚すべきなのだとする「尊皇派」など、「「平成」はわからない」という本書の主張に対しては、いわゆる左右どちらの立場からも矢が飛んでくるかもしれない。

だからこそ本書を書く意味があるのだし、読まれる価値があると信じている。

「平成」の社会学

本書では、結論を押し付けたり説得したりするよりも、元号によって歴史や現代を語る営みが何なのかを問うてみたい。反論にいちいち言い訳を重ねたり、守りに入ったりするのではなく、楽しく考えてみたい。思考の愉楽を謳うのは哲学の役割なのかもしれない。ただ、たとえばヘーゲルを一生懸命読んで「いま」がわかるだろうか。「平成」の空気が読み取れるだろうか。言いがかりをつけているのではなく、哲学とはそういうものだし、何事かについて徹底して頭脳を駆使する作法は連綿と続いてきたし、いまも続いている。むろん、ヘーゲルの哲学を用いて現代を理解する試みは可能かもしれないし、既にどこかで見事に成し遂げられているかもしれない。とはいえ、考える楽しみは哲学の専売特許ではないし、「いま」の空気を摑み取るのは、本来なら社会学の役割であったはずだ。実際にそれは、「平成」に入ってから、いわば「社会学の時代」とさえ呼べるほどに繁茂していた。

「いま」つまり平成二十六年にあっても、若者の雇用やフクシマの復興や社会保障に始まり、AV女優やアイドルにいたるまで、インタビューや統計に基づく見事な分析を披露する社会学者は数多い。彼ら／彼女らの問題意識の高さや華麗な手さばきは多くの耳目を集めているし、私もまた彼ら／彼女らの読者のひとりであり、本書もひょっとするとそうした「社会学」の書棚に収まるのかもしれない。

本書は、東京大学大学院学際情報学府に提出した修士学位論文「元号の歴史社会学」（二〇一二年度）をもとにほとんど書き下ろしている。その点で、拙いなりに学問の作法や手続きに従っていると強弁できるかもしれない。また先行者たちにならって、「現代」を切れ味鋭く説き明かしているのかもしれない。けれども、本書が目指すのは何かが「わかった」という爽快感よりも、むしろ、どこまで考えても「わからない」がゆえの堂々巡りの快楽にほかならない。経済学や政治学といった王道の社会科学があくまでも部分社会＝制度を扱う経験科学だとすれば、社会学の特徴は、性質上どこにでも見つかるがどこにもない全体社会を扱う点にある。あるいは、そこにしかニッチは残されていない。そして、たとえばそこに「〇〇化」や「××現象」「△△の時代」を見つけて名付ける振る舞いが社会学なのかもしれないが、しかし、現代の空気を掬い上げてキレイに問題点を整理して現実的に有効な処方箋を提出するのは、他の社会科学に任せておけばいい。社会学や現代社会論は、現実への欲求不満をうまくことばにする役割を担えばよく、その意味で、本書はことばや思考の楽しさを追い求めているのである。

本や雑誌が売れなくなったと嘆かれるようになって久しいとはいえ、いまだに書店には本があふれ、ネット上にも膨大な文字が躍る。一冊一冊が、あるいは、そこに文字を寄せた一人ひとりが「私を見て！」と叫んでいるかのような暑苦しさの群れに、本書とその書き手もまた入ろうとしている。いわば「考えている私」を売っているのであって、考えた成果そのものは、なかなか商品としては流通しにくい。先に触れたように、哲学という学問でヘーゲルの思想の一端が「わかった」からといって、それだけでは売れない。少数の専門家がつくるコミュニティーに向けたことばだからこそ、間違う自由があるが、一方で、それがすぐに何かの役に立つわけではない。大学紛争ではしばしば「象牙の塔」が論難されたけれども、学問とは本質上そのように自閉するしかないし、自閉するからこそ、より高度な議論が積み重ねられるのだ。社会学もまた、現実への処方箋を繰り出そうなどとせず、ひとまずは固有の手続きに則って論証を続ければいい。

天皇を「論じない」実験

その意味で本書は、学知を目指す模索ないしは身悶えである。そのため、「平成」という対象と結び付くいくつかのことばを取り上げて、そこにどのような特徴が見られるのかを観察し分析していくというルールを課している。そして天皇そのものや、それにまつわる事柄については「論じない」というルールも同時に課している。もちろん先行研究の検討という点で言えば、元号と容易に結び付く天皇をめぐる膨大な議論にほとんど言及しないのは、非難されても仕方ないかもしれない。(2)しかしながら、たとえば一九七七年に出版された『現代天皇制』(〔「法学セミナー増刊 総合特集シリーズ」第一巻〕、日本評論社)のなかで、長谷川正安と森英樹は百を超える著作・論文を挙げているし、八〇年の巌浩編「伝統と現代」第六十五号(伝統と現代社)の「総特集ガイドブック天皇制を考える」でも七十五の文献が選ばれていて、これらの文献の検討だけで数冊の本が書けるほどだ。したがって、執筆上の怠惰を正当化するためではなく、ひとつの実験として、「天皇を論じない」規則を選択した。

あらためて断るまでもないが、「明治」以降の元号は天皇の即位から死去までと同じ長さを持つ。平たく言えば、天皇が死去したとき、「元号」もまた変わるのであり、天皇と元号は密接に結び付いている。とすれば、「天皇を論じない」のは問題の本質からの逃走に映るかもしれないが、そうではない。その理由は、天皇についてのあり方が、「明治」から戦前の「昭和」にいたるまでとそれ以降で決定的に変化したにもかかわらず、元号によって時代を表したり記憶したりしようとする集団的な記憶の形式が変わっていないからだ。主権者から象徴への移行というきわめて大きな変容があったにもかかわらず、「いま」が「平成」という時代だと信じて疑わないほどに、日本語圏での元号は十二分に意味を有しているように見える。

2　本書の構成

本書の利点

「昭和三十年代ブーム」に象徴されるように、「平成」に入ってから、「昭和」の（しかも「戦前」を消した「戦後」の「昭和」）の思い出が盛んに語られている。[3]「平成」とは、昭和「ではない」ことを確かめ続けている時代と言えるのかもしれない。「平成」という現在の元号によるまとまりがないとしても、過去の元号に対する意味づけがはたらいているとすれば、「平成」も過去になってはじめて収斂してくるのではないか。

それとは逆に、「平成教育委員会」に始まり「平成仮面ライダー」や「平成ウルトラマン」といった、わざわざ「平成」を冠するサブカルチャーが数多くあらわれている。つまり、「平成」によって何かをあらわそうとする感覚は、既に十分に広まっているのかもしれない。

「昭和」は二十年が過ぎたところで「戦前」と「戦後」を切り離す必要が生じたため、明確な像を結びやすい。「明治」もまた、元号によって時代を描こうとするいくつかの試みがある。とすれば、

「平成」がいま現在「わからない」のは至極当然であって、本を書くべき事柄など、何もないのかもしれない。

しかしながら、まさしくここに述べたように、「平成」によって何かを語れるのか、あるいは語れないのかという論難が、両方ともに成立する。この点にこそ、本書を書く意味がある。加えて言えば、天皇の位置が変わっても、そこには元号といくつもの表象が見られるからこそ、「天皇を論じない」としても元号を論じられるのであり、「平成」を主題にできるのである。

よりポジティブな本書の利点を二つ挙げておこう。

一つは、歴史を見るヒントになる点だ。本書は「平成」という元号について論じるという実験だ。天皇「なし」で、元号に関するいくつかのことを考えた実験だ。もう一つの利点は、本書の記述のフラットさだ。天皇に触れずに「平成」という元号を語るときの心地よさの実演だ。お説教、小難しい理屈、レトリック、文学的な思い入れといったものでお化粧をせず、しかし説得力を持たせようとしたとき、どれだけ平坦でいられるのかを実践した。知識の量で圧倒するのではなく、かといって思い込みに逃げ込むのでもなく、自由に論じる過程そのものを提示する。

本書で何がわかるのか

二つの利点を提示するために、本書を次のように構成している。

序章では「平成」という元号の特徴を語る。日本語圏における「元号」が持つ意味を「西暦」と対比させたうえで、「平成」と「昭和」と「戦後」の三すくみから、「平成」の特徴を描く。

第1章では「平成」という時代の経済状況を示すことばが、「平成不況」「バブル崩壊後」「失われた十年」と、三分裂している様子を指摘する。呼び方が定まらないと批判するのではなく、逆に、ことばのデフレを「平成的」だと位置づける。

では、その自由な時代を「平成史」とくくれるのだろうか。その問いに答えるのが第2章であり、「平成史」は成り立たないにもかかわらず、あるいは成り立たないからこそ、「平成」は歴史について過剰に語る時代だったと、逆説的に捉える。

第3章では、「平成」におけることばの重なりは「平成文学」としてまとめられるだろうか、この時代の「文学」とは何なのだろうかと問い、ことばの自由度の増大を抽出する。何が「文学」であって、何が「文学」ではないのか。そんな青臭い疑問に向き合う。

続く第4章では、筆者の個人的な体験を語る。記述のフラットさを担保するのは書き手のみっともなさをさらけ出す姿勢であり、文章の美しさや修辞ではない。筆者が携わったニュースのことばは、「責任と正義」に塗りつぶされたためにツマラナイのではないか、そしてその仕組みがまさしく「平成的」なのではないか、と述べる。

第5章では、本書も含まれる「批評」の居場所がどこにあるのかを考える。「平成」における「批評」は「レビュー」だと述べ、本書もまたそんなフラットな空間で紡ぎ出されたことばのひとつにすぎず、だからこそ「平成」は面白いのだと結論づける。

そして終章で、あらためて本書の意義を述べる。

3　時代区分の消失

「平成」の時代感覚

四半世紀が過ぎた「平成」という時代。いや、たったいま「「平成」という時代」という表現を使ったが、この言い回しははたして耳に馴染んでいるのだろうか。たとえば、良きにつけ悪しきにつけ輝かしい時代としての「八〇年代」。あるいは、アメリカで言えば黄金の「五〇年代」。そういったさまざまな「時代」と並ぶものとして、「平成」はその名を轟かせているだろうか。轟かすとまでいかずとも、少なくとも日本語において時代を分け隔てる目印になっているのだろうか。

もちろん、この「平成」という元号は、昭和天皇の死去とともに制定され、今上天皇の即位期間を示す指標として厳然と時代を表している。天皇の生死が特定の時代と一致することこそ、日本という国の必要十分条件だと捉える人たちもいるだろう。すると、結局は天皇の話に帰着しかねないのではないか。一人の天皇に一つの元号をあてはめる「一世一元」が定められた明治期以降、天皇が長生きをした「明治」と「昭和」は、元号によってその時々のイメージが浮かぶ。それに対して、「平成」と「大正」は短いから影が薄いのだと、ひとまずは結論を下されてしまうのかもしれない。

こう考えるときに目にとまったのが、作家・古井由吉のことばだ。古井は次のような驚きを隠さない。

「高年の人ならばたいていそう思うところだろうが、平成に入ってからというもの、年月の流れがめっきり速くなった。西暦の二〇〇〇年になった時には、平成のすでに十二年になると数えて驚いた。考えてみれば、芥川龍之介が亡くなってから、私が生まれるまでに、わずか十年にしかならない。西ではフランツ・カフカの没年から私の生年まで、十三年」(4)

身を任せている時の流れが速いのか遅いのか――それはまさしく人それぞれとしか言いようがない。「歌は世に連れ、世は歌に連れ」、時代はその時々の表情を見せるだけなのかもしれない。「平成」に入ってからの年月の流れが速いと感じるのは、単に古井が齢を重ねただけなのかもしれない。ただ、「平成」という時代が明確な像を結ばないのは確かではないか。「平成維新」「平成文学」、あるいは「平成デモクラシー」といっても、ピンとこない。東日本大震災が起きたのが「二〇一一年」だと覚えていても、「平成二十三年」の出来事だとはなかなかわからない。つまり、「平成」の影は薄いから、時の流れが速く感じられるのではないか。

古井は福田和也との対談で、こうした時代感覚の理由を解説する。

平成になってからの大きな事件は、主体がつかめないからということがあるんではないでしょうか。首謀者、中枢は何か。これは考えれば考えるほどわからなくなる。冷徹に見ると主体はないんじゃないか、無主なんじゃないか、と思える。(5)

ここで古井を続けて取り上げたのは、「作品の質からいうと、河野多惠子と古井由吉が九〇年代で残る作家かもしれない(6)」から、彼の名を特権化したいからではない。あるいは、「文学に事寄せて社会を語る(7)」近代日本の伝統的な振る舞いを踏襲したいからでもない。ただ単純に目にとまっただけにすぎず、そこには何ら一般性があるわけではない。しかし、と、その「しかし」を言うためだけに、本書は捧げられると言っても言い過ぎではない。いわば、こうした「平成」の無主ぶり、空洞ぶり、手応えのなさ、時代記述の不成立——そういった感覚を、そのただなかに身を置きながら、少しずつことばにしてみたい。高みから見下ろす特権的な書き方ではなく、かといって、「思うから思うのだ」とする実感信仰に居直るのでもない。凡庸さに身悶えしながら論じてみたい。

「伝統」か「西洋」か

本書は、「平成」という元号によっては時代を表象できないのではないか、という問題を提起する。その理由は、現状を否定したり、ましてや「天皇制」を論難したり、逆に強い王権を称揚したりしたいわけでは、決してない。佐藤俊樹が「天皇制の本質は天皇の神格性ではなく、その特異点としての無「私」性とそれへの信頼という論理にあるのだから(8)」と喝破したように、「私心のない唯一の人」としての天皇を、神としてではなく人として信頼し、その下では誰もが平等だと思い込む。この論理が作動している限りにおいて、日本語の時空間は奇妙な安定を保ってきた——と、天皇に事寄せて「社会」を語った気分に浸れてしまう便利さが享受されてきたし、いまも手を替え品を替え、さまざまな種類の語り口が蔓延している。元号が天皇の在位と一致しているがゆえに、なおさらこの簡便さに寄りかかってしまう。だからこそ、この利便性の仕組みや経緯、そして理由を考えたいのだ。素朴に言えば、天皇を論じること自体が「天皇制」をすでにあるものとして受け入れる点で、パフォーマティブに肯定してしまうし、「天皇がひとりで頑張って社会をお引き受けなさっている」という感慨にふけってしまう。すなわち、天皇を論じれば、何かを論じた気分に浸ることができてしまう。その罠を逃れるために、本書は天皇について「論じない」実験を試みる。

後に取り上げるように、大岡昇平は昭和天皇の死去を前に、「おいたわしい」としみじみとつぶやいた。天皇について触れると、ついこのように口にしてしまう。その陥穽から完全に逃れられるとは毛頭信じてはいない。ただ少なくとも、自らのことばを含めた磁場をできるかぎり対象化しようと試みる。その意味で本書は、「天皇論」や「天皇制論」ないしは「戦争責任論」ではない。

こうした言い訳を重ねる理由はもちろん、書き手自らの過剰な忖度や自意識に由来するのかもしれない。留保ばかり繰り返してどうするのだと言われてしまうかもしれない。けれども、こうした言い訳をせずにはいられない時空間が、いかにも「平成的」なのである。その理由はおいおい述べるとして、まずは近代日本語圏での議論の構図について触れておこう。

それは「西洋」と「伝統」の不毛な対立の反復だ。

天皇から自由になろうと試みても、「日本的なるもの」を発見しようと試みるベクトルは、往々にして本居宣長らの国学へと回帰する。その一方で、「跛行的」などといった言い回しで日本近代の遅れを言い立てる方向もまた、一定の支持を得てきたし、いまもまだ得ている。前田愛を嚆矢とする優れた読者研究が既に明らかにしているように、日本語圏では、所得や身分の差を超えて、幅広い人たちが読書に励んできたし、いまも勤しんでいる。だからこそ、「伝統」を事挙げするにせよ「西洋」を持ち上げるにせよ、どちらにも一定の読者がいる。端的に言えば、どちらもマーケットに支えられて、売れたから生き延びてきた。

さらに、見田宗介が言うところの「(二宮)金次郎主義」、ないしは竹内洋が提唱する「立身出世主義」が見られる。都会よりも遅れ、貧困に苦しむ農山漁村を出自とする各地の神童が故郷のために学問に打ち込む際、マルクス主義が好まれてきた。「格差社会」が深刻な社会問題として語られる「平成」よりも、大日本帝国での貧富の差、そして都市と田舎《いなか》の差異ははるかに大きく、そもそも国全体として、いまとは比べようもないほど貧しかった。この「貧困という社会問題」がさまざまな仕組みを動かし続け、「社会」を不安定にさせていた。だからこそ、たとえば河合栄治郎が提唱する「社会思想史」のように、「社会問題」の解決のために知識が要請されたのである。「平成」のいまもなお、そのような看板を掲げる人々が一定の数を保っている。

こうした認識に立ったうえで、本書では、「伝統」対「西洋」という、ほとんど擬似的な「対立」の構造をそのまま受け取ってみたい。つまり「平成」という元号について語れば「伝統」派だとするレッテル自体が、もはや有効ではないとする視点から書き始めてみたい。(9)どちらも元号に取り憑かれているのであって、本書は「平成」を論じながらも決して「伝統」派ではない。その立場をあらためて述べておきたい。

「元号」と時代

不毛さから免れるだけでなく、「元号」をめぐっては次の点も確認しておかなければならない。それは、元号の区切りによって時代が区分けできるという考え方そのものが「昭和」に、それも「戦後」にいたってようやく生まれてきたものであり、さらに正確に言えば、時代を区分できるという「期待」が「戦後」に作り上げられたことである。言い換えれば、「明治」や「大正」あるいは「昭和」も初期にあっては、それらの元号に時代精神のようなものが付随するという「期待」はさほど高いものではなかった。明治期では、元号以外に、太陰暦や太陽暦、そして神武天皇紀元や、西暦までも混在している。だから、どの物差しで時間を測るのかは全く定まっていない。かろうじて、明治の終わりにあたって大慌てで明治神宮を建立し、世間の歓心を買おうとする人々の群れが散発的に見られたにすぎない。大正にいたっては、その時代の代名詞となっている「大正デモクラシー」という言い方さえ、「昭和」の「戦後」、それも二十年近く経過したころに、ようやく少数の政治学者が唱え始めたものだ。同時代的なことばではないばかりか、「大正」という元号と組み合わさった時代認識はもとより、その元号自体がほとんど忘れられていた。忘却されていたからこそ、遡及的に「発見」されたのだ。

具体例を挙げよう。

夏目漱石の小説『こゝろ』（一九一四年）で名高い「明治の精神」。乃木希典の自害とあわせて、あたかも三幅対のように流通するこの記号は、発表当初、ほとんど意識されていなかった。漱石の代表作としてはおろか、作品としてまともに論じられるのは、「戦後」の、それも「明治百年」に向けたムードが盛り上がる一九六八年前後を待たなければならない。もとより、乃木希典の「殉死」に「明治の精神」を見る振る舞いは、『こゝろ』の評価よりもさらに後の事態にすぎない。「明治の精神」、という表現自体、昭和十二年に保田與重郎が、岡倉覺三と内村鑑三を題材に語り始めた評論を嚆矢としている。保田は、確かに「明治の精神は、いわば内部からあらわれた世界への関心としてあった[10]」と定義したうえで、林房雄の小説「乃木大将」に「明治精神のそれらのかなしみ[11]」を見ているが、しかしそれは、あくまでも「雅醇の国文に於て見るべきものがなかった[12]」時代の悲しみだった。明治天皇の死去と乃木希典の殉死によって「明治の精神」なるものが終わったなどとする感慨は、ナショナリズムが最も沸騰した時期に書き付けられたことばにおいても、全く顧みられていない[13]。

ことほどさように、元号によって時代を区分する作法は、日本語圏で古くから慣れ親しまれたものではなかった。

つまり、「平成」によって時代を区分できないという隔靴搔痒は、それ自体として成立しているように見える。「平成」による時代区分が成り立たないという事態は奇異に映る。ところが、もともと、元号に基づいて時代を区分けしているという予料や了解そのものが、実はそこまで確固たるものではない。それどころか、ほとんど最近の信憑にすぎない。「平成」による時代区分の不成立は、まずその固有な特質に由来する。「平成」による区切りがないという主張へのこだわりもまた、「平成」によって時代をあらわせるとする信念と同様に、元号への執着から浮き上がる。ところがそこでは、個別の経緯を検証する前に、元号を用いた時代区分が従前から確たる地位を築いていたとする、間違った前提を立ててしまう。だから、「平成」で時代をくくることができないと感じるときの気持ちの悪さは、この二つの事情の混同に由来する。つまり、ただでさえ気持ちの悪さを伴う「平成」への感覚が、元号による時代区分にまつわる誤認によって、さらなる混乱の泥沼にはまり込んでいるのだ。本書が説き明かすのは、こうした気持ちの悪さ、とりわけ、「平成」に固有の手応えのなさをめぐることばだ。

4　「元号」と「西暦」の非対称性

「元号」か「西暦」か

こうした日本語の時空間での「元号」と「西暦」の関係を、ケネス・ルオフはパラフレーズする。

元号に代わるものとしては西暦によって年を数える方法があるが、西暦は世界の大半の国、そして日本が発展のモデルとしてきた国で採用されていた。日本語では西暦（キリスト教暦）の「西」という字は、「西側」もしくは「西洋」を意味するにすぎず、必ずしもこの暦に含まれているキリスト教的性格を意味してはいない。Christian calendar ではなく Western calendar というのが、西暦の訳語にはふさわしく、日本人にとって「西暦」は世界に通用するスタンダードだった。これと対照的に、元号制を使用するとなれば、日本の独自性を強調することになる。元号制をめぐる論議は単純な問いによって言い表せる。すなわち、日本は世界的な慣行を採用するべきか、それとも独自の文化的慣行を維持するべきか。元号の使用は天皇が在位する期間に沿って、ものごとを考えるよう日本人に促すものなのである。[14]

このルオフの見方は、きわめて典型的な原型を提供してくれる。「元号」の意味を強調すると、偏狭なナショナリストとなり、逆に、「西暦」に軍配を上げれば、国際的なポストモダニストになれる。この二分法自体が、「元号」に触れる議論の視野の狭さを示している。したがって、ルオフによって「日本は世界的な慣行を採用するべきか、それとも独自の文化的慣行を維持するべきか」に要約されてしまうこの二分法こそ、本書が逃れようとする陥穽にほかならない。[15]

もちろん、日本語の時空間での「元号」の意味を考える場合、たとえば、久保常晴が成し遂げたように、日本各地で散発的に用いられてきた「私年号」の分析を通じて、「公」の「元号」を相対化する方途もありうるだろう。[16]あるいは、中国文学者の泰斗・戸川芳郎を範として、日本での「元号」の祖である中国における「年号」の誕生にさかのぼる方策もありえただろう。[17]さらに、所功による「天皇制」と年号の関係についての正統な研究[18]をたどる営みもまた、選択肢として浮上してくる。

しかしながら、ルオフが前記で述べているような二分法ではなく、その相対化に向けた試みは、管見の限りではほとんど見られない。他方、「元号」による時代区分を探っていくと、そこには長く続いた（＝天皇が長生きをした）「明治」と「昭和」をめぐるいくつかの問題が、屹然たる姿を見せている。この認識そのものが問題なのだが、なかなか抜け出せない。明治天皇と昭和天皇の共通する要素と相違する事態を取り出して、返す刀で、大正天皇と今上天皇の存在感の希薄さを指摘する、その罠を避けることができないのだ。お決まりだから「天皇制」に関する議論が多いのか、あるいは、「天皇制」に関する議論が多いのは、それが紋切り型をなぞればすんでしまうからなのか——そのどちらかを判定するのではなく、本書は天皇論「ではないもの」になろうと試みている。

先行研究を調べ尽くしもせずに、「いまだに探究されていない論点」と言い張るのは単なるひとりよがりの妄想にすぎないし、また、本書がその落とし穴から完全に解放されているとは断言できない。けれども、日本語の時空間での「元号」と「西暦」の対称性を考える営みは、そう多くはなされていないと言えるだろう。

元号によるイメージ

その数少ない先行の議論で、柄谷行人はこう語る。

われわれは明治文学とか大正文学とかいった言い方をする。すると、あるまとまったイメージが浮かび上がる。江戸時代についても同様で、元禄とか文化文政とかいえば、何かわかったような気がしてしまう。西暦でいわれるとピンとこないのだ。だが、こうした了解はわれわれを奇妙な錯覚に閉じこめる。この錯覚は、単純に西暦で考えてみるだけで明らかになるはずだが、必ずしもそうではない。（略）われわれが「明治的」とか「大正的」と呼ぶものは、ある歴史的な構造を象徴するかぎりで確かに存在すると言っていいし、そのような名を廃棄することはそれを捨象してしまうことになる。(19)

柄谷は、ここで「明治文学とか大正文学とかいった言い方」による「あるまとまったイメージ」に頼りきっている。むろん、柄谷の文章は厳密な意味での「論文」ではなく、「近代日本の言説空間」と題された評論であり、まさしく評論らしく、さまざまな文学者を引用し、それによって歴史を語るという、小林秀雄以来の文芸評論のお家芸とも言うべき展開を見せる。(20) ことばの定義をはっきりさせろなどと論難するつもりはない。それよりも前に、この柄谷の着想に対して、にわかには反駁できないかのように思ってしまうその理由を、本書は主題として受け継いでいる。柄谷が述べるとおり、「あるまとまったイメージが浮かび上がる」ありさまや、「何かわかったような気がしてしまう」雰囲気や、「ある歴史的な構造を象徴するかぎりで確かに存在する」ものとして、「元号」による表象を受け取りたい。(21) その理由を明確にしなくても、あるいは逆に明らかにならないからこそ、「明治文学」や「大正的」といった表現が理解できてしまう。この機制は、天皇なるものによって保持されているとされる同一性や単一民族神話にだけ基づいているわけではない。

「昭和初年代」とか「昭和十年代」という言い方はポピュラーだが、そのような言い方が可能なのは「昭和三十年代」までである。「昭和四十年代」という表現はめったに聞いたことがない。というのは、「昭和三十年代」には「一九六〇年代」という表現がすでにオーヴァラップしており、またそれ以後は「七〇年代」や「八〇年代」というほうが普通だからである。[22]

ここで二つ目の問題が提出されている。一つ目の問題は、「元号」による表象が「西暦」と比べたときに、「何かわかったような気」にさせてしまうことだった。これに対して二つ目の問題は、この「元号」と「西暦」の非対称性には、さらに「年代」という十年区切りの線分も関係していることだ。そして、「元号」と「年代」の組み合わせから、「西暦」と「年代」の結び付きへの移行が、「昭和三十年代」に起きたと断言する。

それは、次の大澤真幸のことばを見ると、より鮮明になる。

昭和三十年代という言い方はよくしますね。しかし、昭和は六十四年まであるのに、たとえば昭和五十年代とか昭和六十年代という言い方はほとんどしないんです。昭和四十年代というのは微妙なところなんですが、五十年代よりははるかによく使いますが、しかし三十年代に比べたら全然使わないですね。中間的なところがある。「〜年代」などという十年ごとに時間を区切る方法は、便宜の問題だと思うかもしれませんが、そうではありません。「昭和三十年代」という表現が使われるのは、それによって、僕らが一つの時代についてのイメージを持てるからです。つまりそういう切り方に何かある種の共同主観的な意味があるわけです。ところが昭和五十年代という切り方は、僕らに何のイメージも与えない。そのかわり何と言うかというと、一九七〇年代とか八〇年代とかと言う。あるいは現在も一九九〇年代という言い方をするわけです。昭和三十年代という言い方にはリアリティがあるのに、なぜ昭和五十年代にはリアリティがないのか。昭和四十年代には半分くらいリアリティがある。[23]

大澤が多投する「リアリティ」ということばもまた、柄谷が使っていた「何かわかったような気がしてしまう」その「気」と同じ空気を指している。大澤のことばのなかの「何かある種の共同主観的な意味」は、次のような経緯で浮かび上がる。

昭和という言い方は日本でしか通用しないんですね。ですから昭和三十年代というイメージを持てるのは、日本人か日本に相当コミットしている人だけなんですね。昭和三十年代はそういう共同性のユニットでものを考えるときに意味があったんです。ところが昭和五十年代という言い方にはあまり意味がない。どうしてだろうか。それは昭和五十年代に生きている人は、自分が日本に所属しているという自覚が、非常に乏しいからですね。他方、一九七〇年代と八〇年代という表現は、言うまでもなく地球規模で通じると信じられているから、この表現を使うときに、自分は日本よりも広い世界、地球規模の世界に属しているという感覚が前面にせりだしているわけです。言い換えれば、自分が日本人であるということはもちろんわかっていても、そのことに特別な意味を見出せなくなっているときに、一九××年代という表現になるわけですね。[24]

「元号」は国内感覚を、「西暦」は国際感覚を表しているとまとめてしまうと、味も素っ気もなくなってしまうが、ここで大切なのは、「元号」に基づいた日本人であるということへの「特別な意味」が見いだせなくなった点だ。

ですから、昭和三十年代という言い方になるときは、いわば日本人は日本人という自覚の下で生きているんですね。ところが昭和四十五年ぐらいを境にそういう時代区分が意味がなくなる。つまり、自分は日本人であるということが多くの日本人にとって派生的な意味しか持たないかのように感覚される時期が、昭和四十五年を境に起きているんですね。だから昭和五十年代、六十年代という言い方はないんです。[25]

遠藤知巳は「社会科学の領域では、戦後社会の屈折はむしろ七〇年代に始まっていることが、ほぼ同時代的に論じられて来た[26]」と指摘し、坪内祐三は卓抜な一九七二年論[27]で、この七〇年前後の画期性を指摘する。大澤が昭和四十五年に戦後社会の屈曲点を見いだすその姿勢も、遠藤や坪内と共通する。実際、三島由紀夫の自殺や大阪万国博覧会を「戦後」のひとつの変節点と見るのは、全く自然な振る舞いである。乱暴な図式を示せば、昭和三十年代に強まった「昭和」への意識が昭和四十五年を境目に弱まったため、危機感を抱いた「元号」支持派が活発な運動を展開し、九年の時を経て「元号法」に結実した。ところが、その後の十年、すなわち八〇年代は、ようやく「元号」に法的な根拠が与えられたにもかかわらず、昭和が終わるこの最後の十年間は、「昭和」ではなく「西暦」で時代が認識される。この再帰的な自己認識のあり方は、あまりにきれいな図を描けるほどうまくできすぎているとも思えるが、ここまでの柄谷と大澤の議論に頷けるとすれば、同じように納得できるのではないか。

5 「平成」vs「昭和」vs「戦後」

「戦後」とは何か

別の角度から考えてみよう。

時代区分の道具としての「平成」を相対化するために、「西暦」ではなく「昭和」と「戦後」という線分を呼び出してみたい。

「昭和」には始まりがなく終わりがあり、「戦後」には始まりがあるが終わりがない――ここでは、その違いだと言ってしまいたい。するとすぐさま、「昭和」は「大正」が終わるや否や始まったのであり、始まりがないとは言えない、という声が聞こえてくる。あるいは、「戦後」はあのあまりにも有名な「もはや「戦後」ではない」を見るまでもなく、既にとうの昔に終わっているのではないか、とも思われるだろう。もちろん、「昭和」の始まりにあっては、「明治節」が定められたり「明治ブーム」が起きたりするのとあわせて、「大正」を残すよりも、「昭和」を言祝ぐことばが飛び交っていた。だから、確かに「昭和」は始まった。「明治」は、時代区分の記号として同時代的には未確立のまま終わり、終わりにあたってようやく明治神宮や明治天皇の死去として語られた。また、「大正」は「明治」と同様の期待を引き継ぎながらも、驚くほど短期間に終焉を迎えた。「明治」は元号としては意外に長続きし、「大正」は期待にそぐわず短期間で終わった。「昭和」はもはやどちらでもかまわない。「始まり」が明確であろうがなかろうが、とにもかくにも、「昭和」に事寄せて時代を語らんとする意欲に満ち満ちていたのである。だから、本当の意味で「昭和」が始まるのは、実は戦争が終わった後のことであり、その点で「昭和」と「戦後」は、ほぼ同一直線上の時間の積み重ねとして表現される。遠藤知巳のことばを借りれば、次のようになる。

敗戦からの時間的距離として引かれていく直線として定義される。現時点から回顧と反省を行うとき、この直線は「戦後×十年」として表象されるが、それは八月十五日や元旦といった切れ目の日にだけ用いられる「元号」であり、平時は敗戦からの時間的距離が、そのまま復興と成長（の計画）の道程だった。ときに大きくよたついたり、あるいは思いもかけずはかどったりするこの道程は、もっぱら「昭和」で計量されていた。(28)

だから遠藤は、昭和は「昭和二十年というゼロ地点から積み上げられつづける事態の進捗の束」だったのだとまとめる。

本書もこの立場に賛意を表したい。しかし、「昭和」と「戦後」を同一視する場合、そこにはある落とし穴が控えている。両者の「終わり」をめぐる落とし穴だ。

アメリカの日本史研究の泰斗、キャロル・グラックが批判するように、日本語における「戦後」という線分はあまりにも長すぎる。融通無碍な概念として、いつまでも延命している。ただ、彼我の違いにまずは目を向けなければならない。グラックが身を置くアメリカは、第二次世界大戦以後も幾度となく戦争の当事者となってきた。そのたびごとに戦費がかさみ、人命が失われ、「戦後」処理が問題となった。つまり、アメリカにはいくつもの「戦後」があり、多くの人々がそれぞれの固有の人生体験において「戦後」を乗り越えなければならなかった。対する日本語圏では、「戦後」が指す時代は一つしかない。だからこそ、いつまでもその「終わり」はない。否、終わらないからこそ反省を繰り返し、慰撫とともにやり過ごしていく。あたかも生活の知恵であるかのように。対照的に、「昭和」の「終わり」にあたっての自粛ムードとその後の堰を切ったような饒舌さは、ある世代以上には記憶に新しいところだろう。

「昭和」の「終わり」

その「終わり」の年、すなわち、一九八八年から八九年にかけて大量に出回った雑誌の「臨時増刊号」、そこに掲載された原稿の落ち着き――それこそが、同時代の意識を如実に示しているのではないか。天皇の死去がやがてくる遠くない未来だという予期があったからこそ、いわゆる予定稿、すなわち「Xデー」が訪れるはるか前からあらかじめ用意されていた原稿が一挙に放出されたと見るべきではないか。

その膨大なことばの山は何よりもまず、「昭和」の「終わり」を強烈に意識していた空気の顕現にほかならない。「不敬」を承知のうえで言えば、それらのことばの数々は天皇の死去を待ちわびていたのであって、「おいたわしい」と嘆きながら天皇よりも十三日前に死去した大岡昇平を稀有な例外として、ほとんどの書き手は「ようやく原稿が日の目を見た」といった安堵に浸っていたのではないか。「「昭和天皇」の生涯が戦前・戦後を通じて、日本と世界が左右の対立抗争を深めていく時期と重なっていること」[29]、さらに、「二極対立の終焉が見えかかったところで、その一瞬前に昭和が終焉を迎えようとしている」[30]ことの二点を重視する大岡だけが、「おいたわしい」とつぶやかずにはいられなかったのではないか。大岡以外に誰が、もろもろの状況すべてを引き受けながら死去した天皇の「おいたわしい」姿を理解できただろうか。

だが「おいたわしい」姿よりも前に、既に「昭和」は死んでいたのかもしれない。

傍証にすぎないと笑われるかもしれないが、NHK朝の「連続テレビ小説」いわゆる「朝ドラ」の舞台設定が参考になる。「昭和」の「朝ドラ」は、昭和六十年（一九八五年）下半期の『いちばん太鼓』が例外的に昭和四十年代を描いたことで話題になったほど、それ以外のほとんどのドラマは「戦争」を結節点にした「戦前」と「戦後」の日本人女性の愛と涙と笑いに費やされていて、壮大なお説教とでも言うべきひとつの装置になっていた。

ところが、一九八八年上半期の『純ちゃんの応援歌』（NHK大阪）以降、二〇〇六年までの二十年近くにわたって、「戦前」が少しでも舞台として登場したのはわずか四作品（『凛凛と』〔一九九〇年〕、『春よ、来い』〔一九九四―九五年〕、『あぐり』〔一九九七年〕、『すずらん』〔一九九九年〕）にとどまるほどの変化を見せる。「一九八〇年代」がゆっくりと「戦前」を忘れるための臨終の助走期間だったかのように、もはや「平成」以降には誰も「戦前」を思い出さなくなるのである。[31]

モノやカネの面から見れば、「八〇年代」は「戦後型日本社会の完成地点」と捉えられるし、その背景には、たとえば田中角栄『日本列島改造論』（日刊工業新聞社、一九七二年）で、既に「明治百年」が単なる護符にすぎない存在となった仕組みが潜んでいる。当時の官僚たちによって書かれた同書は、「明治百年」を痛みや苦しみや喜びをないまぜにした思い出の決算ではなく、国土開発のインフラを再整備するための記号として利用し、「明治の大開発から百年も過ぎたのだから、もう一度大々的にお金を使いましょう」という意図を臆面もなくさらけ出していた。このあけすけな欲望と同様の仕組みを、「八〇年代」と「昭和」の関係ははらんでいる。「昭和」でさえお飾りであって、もはや自分たちは「八〇年代」という空間に生きているのだとでも言わんばかりに。「昭和五十年代」とも「昭和六十年代」とも表象されないこの時代の「終わり」は、言うまでもなく、天皇裕仁その人の生命の「終わり」だ。彼は、ありとあらゆる屈折を一身に引き受けた。それも、存命中の退位や「天皇制」廃止といった穏当な手段ではなく、その死をもって「戦前」や「昭和」を背負った。否、そのようにしてしか背負えなかったのだ。それを「おいたわしい」と言わずして、何と形容すればいいのだろうか。

見田宗介は、昭和天皇の死去にあたっての座談会で「たとえば生まれた年でも昭和十二年生まれというより自動的に「（一九）三七年生まれ」というふうにいってしまう」ほど「無意識にいちいち二五を足している」のだという。だから「通産省などの、合理的な経済予測の計算などが、「昭和八十六年には……」などと書いてあると、笑いだしてしまう」といい、「今の近代合理主義的な支配権力が、ある種の自己欺瞞をかかえこんでいる[32]」と断じる。

座談会
「昭和」との訣別にあたって言っておきたいこと
出席者　森崎和江　加賀乙彦　見田宗介

図2
（出典：森崎和江／加賀乙彦／見田宗介「「昭和」との訣別にあたって言っておきたいこと」、朝日新聞社編「朝日ジャーナル」1989年１月25日臨時増刊号、朝日新聞社、35ページ）

> たとえば元号というのは、まったく政治的なものですね。時間というものを支配者が支配するための装置であるわけでしょう。それによって、民衆の生活にとってはまったく偶然的なことを、あたかも歴史の「切れ目」がそこにあるように、そこで世の中が変わるみたいにつくり上げてしまう。マスコミが騒ぐことによって、現代ではそのことが増幅される。何か時代の本質的な「切れ目」がそこにあるもののような、共同幻想を織り上げてしまう[33]。

皮肉なことに、この見田のことばが表に出される座談会そのものが、「マスコミが騒ぐこと」の一端以外の何ものでもない。「元号」に対して「民衆の生活」の側が慣れ親しみきった日本語の時空間こそ「昭和」であり、その事実は見田のこの紋切り型の批判によって図らずも明らかになる。

紋切り型の安全なことばは、大岡昇平がつぶやいた「おいたわしい」という断末魔の叫びとはほど遠いばかりか、かすりもしない。「民衆の生活」は「昭和」に慣れ親しみ、そしてこの「昭和」の「終わり」に「戦前」とないまぜにして、それを打ち捨ててしまったのではないか。だから、もし見田にとって糾弾すべき相手が残されていたとすれば、それは「民衆の生活」の狡猾さであって、「共同幻想を織り上げてしまう」支配者などではなかった。なぜなら、その支配者は既にこの世にはいなかったからだ。(34)

「戦後」という時代区分における昭和天皇は、日本人自体、つまり、語る人たちそれぞれの戦争責任を問わ「ない」ために、言及してはいけない対象だった。そして、昭和天皇自身もまた、自らが戦後＝昭和＝日本を体現していると強く自覚し、疑わなかったに違いない。だから、見田の能天気なことばは、日本語圏を越えて届かない。さらに言えば、本書もまた、元号が醸し出す何かを理解したかのような気分に堕していない保証はない。

6 「平成」のイメージ

明るい「平成」

「平成」に元号が変わった直後、各新聞が世論調査を実施した。

たとえば「読売新聞」は、「昭和」最後の日・一月七日当日の夜にかけて電話世論調査をおこない、「非常に好感」（二七％）と「多少は好感」（三四％）を合わせた六一％が「平成」に好意的な反応を示しているといち早く伝えている。[35]そのひと月後には、十項目（複数回答）の調査により、「平成」のイメージは「「安定」五四％、「明るい」三八％、「発展」二六％、「停滞」一五％、「連帯」一四％、「活発」一三％、「無気力」一一％、「不安定」九％、「暗い」「断絶」各五％――の順となった[36]」と報じている。

また「毎日新聞」は、「「平成」については「明るい」「わかりやすい」がともに七五％で上位を占め、「使いやすい」が六三％というかなりのプラスイメージを持っている[37]」としている。

他方で、二月十日付の「読売新聞」は、「昭和」のイメージを「終戦」によって前後半に分けたうえでそのイメージを質問し、前者を「悪い時代」と答えた割合が七三％、後者を「良い時代」とする割合が八九％だとする結果も掲載し、「昭和」のイメージのうちトップは「戦争」にまつわるものが二六・〇％で、二位の「平和・自由」（一一・四％）、三位の「高度成長・発展」（一〇・七％）を大きく引き離すとも伝えている。

否定される「平成」

このように元号が変わった当初、世論調査では「平成」に対して、「明るい」や「安定」というイメージが選択されていた。ところが、「平成」の世も二十年が過ぎ、二〇〇九年になると、世論調査で「戦後の昭和」について「活気のある」時代と捉える割合が五七％となり、「進歩的」と答える回答がそれに続くようになった。一方、「平成」については「動揺した」「沈滞した」を選択する割合がそれぞれ四〇％以上にのぼり、「戦前の昭和」よりもはるかに高いという結果が出ている。(38)それほどまでに沈滞してしまうのだ。(39)「平成」の枠でくくられるイメージとは、たとえば、次の丸谷才一の慨嘆に象徴されているのかもしれない。

しかしこの数十年間で最悪の名づけは平成という年号だった。不景気、大地震、戦争とろくなことがないのはこのせいかも、と思いたくなる。（略）
中国の年号では平の字が上に来るものは一つもない。日本では、これ以前はただ一つ平治があるだけで、平治と定めるとき、中国の例を引いてもめたのだが、多勢に無勢だった。果せるかなあの戦乱が勃発。翌年一月、改元。（略）
元号のせいで凶事がつづくなどと言うと、縁起をかつぐみたいで滑稽かもしれない。しかしあれはもともと呪術的な記号である。（略）縁起ものだからこそ、平治のときのように、これはいけないとなると改元した。一世一元と定めた法律は、古代の慣行を捨てかねずにいながら、しかも古人の知恵を無視して、生半可に近代化している。早速、法律を手直して改元すべきだろう。(40)

「平成」は当初、昭和天皇の死去という重々しい呪縛から解き放たれた、すがすがしさに満ち溢れていたかに見える。しかし、さまざまな犯罪や大災害、さらには長期の「不況」と呼ばれる世相の下で急速に否定的な雰囲気を強めていった。

何が失われたのかわからないまま繰り返される「失われた十年」なる標語もまた、広く流通した安易なイメージの代表例として挙げられるだろう。しかしながら、二〇〇八年のいわゆる「リーマンショック」以降、一〇年以降の欧州通貨危機を経て論じられるように、「失われた十年」として一括される時間は、相対的に見ればはるかに軽微な損失にとどまっていた。にもかかわらず、「失われた二十年」[41]や「失われた三十年」[42]のように、概念としてダラダラと引き延ばされる。あたかも、既に共通了解として定着したかのように[43]。

「平成」の大不況

だから、本書でまず見つめたいのは、この「平成」の世の中における経済をめぐる語りがいかにして始まったのか、つまりその様子である。それは、「崩壊後最安値」とか「崩壊後最高値」といった、いまだに引きずり続けるひとつの符牒、すなわち「バブル」をめぐってどのようなことばが飛び交っていたかの分析でもある。その過程で、「平成」による時代の仕分けが不可能だということをまずは確かめてみたいのである。それが、大岡昇平が絞り出した「おいたわしい」ということばを「天皇論」とは別の次元で受け止める方策だと信じている。

注

（1）NHKは二〇一三年十一月二十九日（金）午後七時三十分から午後八時四十三分に放送された『平成四半世紀　東京』、TBSは『サンデーモーニング年末スペシャル』（二〇一三年十二月二十九日〔日〕午前八時から午後六時放送）の第二部（午前十一時二十五分から午後六時に放送された「平成四半世紀　激動検証スペクタクル――すべては元年から始まった」）。

また、本文中では言及していないが、色川大吉『平成時代史考――わたしたちはどのような時代を生きたか』（〔やまかわうみ別冊〕、アーツアンドクラフツ、二〇一三年）や、雑誌「こころ」第十六号（平凡社、二〇一三年）の特集「平成を検証する――「事件」と「顔」から読み解く25年史」も、こうした回顧モードに挙げられる。元号と世紀を組み合わせるのも「平成」らしいと言えるだろう。

（2）確かに、茢部直が述べるように「日本の天皇論あるいは天皇観については、一九九〇年の少し前に大きな事件が生じ、それが一つの画期をなしていることは疑いえない」（茢部直「浮遊する歴史――一九九〇年代の天皇論」『歴史という皮膚』岩波書店、二〇一一年、一一八ページ）。あるいは、皇室の捉え方について、岩井克己にならって「平成流」という観点から見ることもできる（「平成流とは何か――宮中行事の定量的・定性的分析の一試み」、近代日本研究会編『年報・近代日本研究・20――宮中・皇室と政治』所収、山川出版社、一九九八年）。

（3）こうした事態を周到に分析した浅岡隆裕は、「現在の先行きが不透明な時代にあって、昭和三十年代という種、物語化された時代が一つのリソースとして受容されている。いわば、つまみ食い的に特定要素だけ密輸入し、都合が悪い部分はうまく捨象しているのが現在の昭和の語り方であろう」（浅岡隆裕『メディア表象の文化社会学――〈昭和〉イメージの生成と定着の研究』ハーベスト社、二〇一二年、二六一ページ）とまとめている。
（4）古井由吉『半自叙伝』河出書房新社、二〇一四年、六八ページ
（5）古井由吉／福田和也「特別対談　平成の文学について」「新潮」二〇〇八年一月号、新潮社、二五五ページ
（6）絓秀実／清水良典／千葉一幹／山田潤治「激論座談会「リアル」は取り戻せたか」（「文學界」一九九九年十二月号、文藝春秋、一九九ページ）での清水の発言。
（7）小谷野敦『反＝文藝評論――文壇を遠く離れて』新曜社、二〇〇三年
（8）佐藤俊樹『近代・組織・資本主義――日本と西欧における近代の地平』ミネルヴァ書房、一九九三年、二九四ページ
（9）学問内在的な評価をする余裕も資格もないが、政治思想史における渡辺浩の試み（渡辺浩『日本政治思想史――十七～十九世紀』東京大学出版会、二〇一〇年）や、漢学での齋藤希史の営み（齋藤希史『漢文脈の近代――清末＝明治の文学圏』名古屋大学出版会、二〇〇五年）は、おそらくそうした不毛さを自覚している。そのうえで、日本近代におけるモデルを西洋にも中国にも置かずに、しかし、日本との距離を測定する営為として、渡辺や齋藤の仕事を参照していきたい。
（10）保田與重郎「明治の精神」『保田與重郎全集』第五巻、講談社、一九八六年、一九四ページ
（11）同書一九九ページ
（12）同書二一七ページ
（13）鈴木洋仁「元号の歴史社会学・序説――「明治の精神」を事例として」「東京大学大学院情報学環紀要　情報学研究」第八十六号、東京大学、二〇一四年
（14）ケネス・ジェームス・ルオフ『国民の天皇――戦後日本の民主主義と天皇制』木村剛久／福島睦男

訳（岩波現代文庫）、岩波書店、二〇〇九年、二八三ページ

(15) であればこそ、ルオフは、「建国記念の日と元号制が戦後日本にとってかなり重要性を持つことは、頭に入れておいた方がよい。ふたつとも象徴に関するものとはいえ、強力な政治現象でもある。これらは民主的政治体制の基本を定めた憲法を改正する運動が失敗に終わったことと、同程度の意義を有していると言ってもよいのではないだろうか。（略）元号制は日本社会における天皇制の重要性を強化する仕組みの一つであるにもかかわらず、一応は憲法で定められた戦後体制の枠内で機能しており、決して戦後体制をむしばんではいないのである」（同書三〇七―三〇八ページ）と断言する。

(16) 久保常晴『日本私年号の研究』吉川弘文館、一九六七年

(17) 戸川芳郎「元號「平成」攷」「二松――大学院紀要」第十一巻、二松学舎大学、一九九七年

(18) 所功『年号の歴史〈増補版〉――元号制度の史的研究』（雄山閣books）、雄山閣出版、一九九六年

(19) 柄谷行人「近代日本の言説空間」『定本　柄谷行人集』第五巻、岩波書店、二〇〇四年、五九―六〇ページ

(20) 「文学」、あるいは、より細かい作家に事寄せて「いま」にいたる道程を語ることが「近代日本の言説空間」を描くことと同義だと、書き手と読み手がともに信じていた幸福な読書空間が、ここには存在している。柄谷の評論には、しばしば革新的とか国際的といった評価がなされるが、逆に彼は、典型的な嫡子として地位を固めたと言うべきだろう。

(21) なお柄谷は、前記引用に続けて、「誰もが忘れてしまったのは、少なくとも一九八七年までは、「昭和史」という語は第二次大戦前の時代を指しており、戦後までを含んでいなかったということである」（同書六四ページ）と述べるが、これは、端的な思い込みだ。遠山茂樹／今井清一／藤原彰『昭和史』（〔岩波新書〕、岩波書店、一九五五年）は、戦後を含んだ通史を目的としていたし、「昭和」と

いう線分自体が「戦後」からの積み重ねであって、事態は逆だ。

(22) 前掲「近代日本の言説空間」六四―六五ページ
(23) 大澤真幸『戦後の思想空間』(ちくま新書)、筑摩書房、一九九八年、一六ページ
(24) 同書一七ページ
(25) 同書一八ページ
(26) 遠藤知巳「「八〇年代」の遠近法」、新書館編「大航海――歴史・文学・思想」第六十八号、新書館、二〇〇八年、一五九ページ
(27) 坪内祐三『一九七二――「はじまりのおわり」と「おわりのはじまり」』文藝春秋、二〇〇三年
(28) 前掲「「八〇年代」の遠近法」一六〇―一六一ページ
(29) 大岡昇平「二極対立の時代を生き続けたいたわしさ」、朝日新聞社編「朝日ジャーナル」一九八九年一月二十日号、朝日新聞社、二一ページ
(30) 同誌二三ページ
(31) 前掲「「八〇年代」の遠近法」一六五ページ。歴史学者の戸邉秀明は、「テレビドラマと歴史意識」という「課題に対して充分に応えてくれる文献はなかった」としたうえで、NHK朝の「連続テレビ小説」いわゆる「朝ドラ」が「歴史にかかわるどのような「意味」を生産してきたのだろうか」という視点から、「少なくともある世代までの視聴経験では、国家主義的な教育政策などよりも、もっと巧妙に民衆の国土意識や歴史意識の基礎を浸してきた」(戸邉秀明「歴史のひろば　NHK「連続テレビ小説」が創り出す歴史意識――「国民的ドラマ」という装置への批判的覚書」、歴史科学協議会編集「歴史評論」二〇一三年一月号、校倉書房、六二―六五ページ)と述べる。しかしその一方で、「朝ドラで「現代路線」が主流になって、すでに二十年以上が経過した」「最近の作品では、時代の風

俗はドラマの材料とされるにとどまり、操作可能な道具として歴史が扱われている」と嘆く。また彼は、「歴史をくぐらせた表現によって現代の歴史意識によく介入しうる可能性」を開いた作品として『カーネーション』（二〇一一年）や『ゲゲゲの女房』（二〇一〇年）、『芋たこなんきん』（二〇〇六年）を挙げている（同誌六八―六九ページ）。さらに二〇一二年の『梅ちゃん先生』にいたるまで、「戦前」を物語の始点に据え、「戦後」との対比でドラマを生み出している点は興味深い。もちろん、一三年上半期の『あまちゃん』をめぐることばの爆発もまた、「民衆の国土意識や歴史意識の基礎」を見る意味で必須の素材だが、本書では論じない。この通称「朝ドラ」を研究した田幸和歌子は、「一九九九年の『すずらん』を最後に、二〇〇〇年に入ってからはほとんど「戦争」は描かれなくなり、『ゲゲゲの女房』（二〇一〇年）で時間帯も変え、大幅にリニューアルされるまでの間で、戦争が出てくるのは、『殉情きらり』（二〇〇六年）と『芋たこなんきん』（二〇〇六年）くらいだった」（田幸和歌子『大切なことはみんな朝ドラが教えてくれた』太田出版、二〇一二年、一四一ページ）と述べているが、時代はさらに前から「戦争」を忘却していたのである。さらに、田幸が着目するこの〇六年の前年、〇五年末に映画『ALWAYS 三丁目の夕日』（監督：山崎貴、配給：東宝）が公開され、「昭和ブーム」が起きている点も興味深い。それだけ、この〇五年という時期、すなわち、「戦後六十年」という線分は、もはや「戦後」さえもノスタルジーの対象として描けるほど、距離ができたと言えるだろう。

（32）森崎和江／加賀乙彦／見田宗介「「昭和」との訣別にあたって言っておきたいこと」、朝日新聞社編「朝日ジャーナル」一九八九年一月二十五日臨時増刊号、朝日新聞社、三五ページ

（33）同誌四一ページ

（34）なお、「昭和」の「終わり」にあたって、独創性あふれる分析を転回したモノグラフに、精神科医

の中井久夫が、昭和天皇その人を精神医学の対象として分析した著書がある（中井久夫『「昭和」を送る』みすず書房、二〇一三年）。大岡が抱く「おいたわしい」という詠嘆を超えた、また別の魅惑がある。

(35)「「新元号・平成」、好感が61％　象徴制、82％が支持」「読売新聞」一九八九年一月十日付一面

(36)「「昭和」「平成」のイメージ／読売新聞社全国世論調査」「読売新聞」一九八九年二月十日付

(37)「天皇制、「象徴がよい」が83％――本社世論調査」「毎日新聞」一九八九年四月二十九日付一面

(38)「（検証　昭和報道）平成よりも前向きで明るく　世論調査に見る昭和」「朝日新聞」二〇〇九年三月三十日付

(39)戸川芳郎は、中国での「年号」の成立史にまでさかのぼったうえで、「平成」を揶揄し、いっそ、「なごやか元年」や「すこやか元年」とでも改元したらいいとまで述べている（前掲「元號「平成」攷」三五八―三五九ページ）。

(40)丸谷才一「袖のボタン――元号そして改元」「朝日新聞」二〇〇四年五月四日付

(41)朝日新聞「変転経済」取材班編『失われた〈20年〉』岩波書店、二〇〇九年、片岡剛士『日本の「失われた20年」――デフレを超える経済政策に向けて』藤原書店、二〇一〇年

(42)金子勝／神野直彦『失われた30年――逆転への最後の提言』（ＮＨＫ出版新書）、ＮＨＫ出版、二〇一二年

(43)また、これも既に多くの論者が、たとえば直近では佐藤俊樹があらためて論じているように、統計的には「少年・成年とも殺人のような凶悪犯罪は減っており、「理解しがたい」事件数も少なくなっている、というのが多くの専門家の見方」（佐藤俊樹「常識をうまく手放す――集計データから考える」、山本泰／佐藤健二／佐藤俊樹編著『社会学ワンダーランド』所収、新世社、二〇一三年、一九

ページ）にもかかわらず、「元号のせいで凶事がつづく」という丸谷才一の嘆きが、あたかも正しい言明のように聞こえてしまう。あるいは、聞こえると信じたい人たちがそれなりの数を占めているのかもしれないが、ここではひとまず脇に置こう。

第1章「平成的」な経済

1　「平成不況」か「バブル崩壊」か「失われた十年」か

経済を指すことば

本章で述べるのは、とても単純なことだ。それは、「平成」という元号の下で積み重ねられた年月の呼び方が混在していること、ただそれだけにすぎない。それだけなら何もわざわざ指摘するまでもないと思われるかもしれないが、しかし、そのようなきわめてシンプルな点さえもやり過ごしてしまう時空間がいかにも「平成的」だと捉えるからこそ、書き記しておきたいのである。

「平成」という元号では時代の空気をつかめない。その空気感が端的にあらわれる事例として、経済をめぐることばを見てみたい。ある人は「バブル崩壊」と呼び、別のところでは「失われた十年」と区切られ、同時に「平成不況」とも名指される。しかし、それらは同じ時代を示している。バブルが崩壊したのは「一九九〇年代」の前半だし、「失われた十年」とは「一九九〇年代」だし、

「平成不況」とはまさしく元号が「平成」に変わって以降の経済停滞だ。他方で、この三つの呼び方を組み合わせてみると据わりが悪い。「平成バブル崩壊後」とか「バブル崩壊後不況」とか「失われた十年後不況」ないしは「平成の失われた十年」と言ったところで像を結ばない。三つの呼び方は、そう言える程度はそれぞれが漂わせるイメージを獲得しているようであり、この感覚がいかにも「平成的」ではないだろうか。本書では、完全には確定できないにもかかわらず、何となくイメージだけがユーレイのように漂っている、そんな雰囲気を「平成的」と呼び、その事例として経済にまつわるさまざまな語りを取り上げる。「平成」という現代を説き明かそうとする場合、経済学内部での議論の正しさや間違いの検証と並んで、ことばの運動を見つめる社会学もまた求められているに違いないし、本書は端緒にすぎないとはいえ、その関心に基づいている。データや政策決定過程を素材として、その当時、何が起きていたのかを分析するのが経済学の役割だとすれば、本章で目指している社会学とは、経済にまつわることばがどのような動きを示してきたのかを解釈する試みである。

では、なぜ経済なのだろうか。

経済学者の柳川範之は、大竹文雄と編んだ『平成不況の論点』の冒頭の対談で、次のように述べる。

経済問題が一般の人々の口でもずいぶん語られるようになりました。専門家以外の、一般のビジネスマンや主婦の間でも、経済問題が非常によく議論された十年だったと思います。それはやはり、経済の変動が人々の生活に大きな影響を与えたからでしょうが、経済問題の「大衆化」とでも言える状況が進んだという印象を持っています。たとえば、「バブル」や「デフレ」といった言葉は、誰でも知っているようになったわけですから[1]。

だからこそ経済学者が適切な仕事をしなければならない、と柳川の主張は続く。けれどもここで注目したいのは、この『平成不況の論点』と題した本が「失われた十年」の検証を副題としている点と、経済問題の「大衆化」が進んだ点である。先の問い、つまり、なぜ「平成的」な感覚を見るにあたって経済を取り上げるのかと言えば、ここで柳川が述べているとおりだ。「デフレ」や「バブル」や「不況」を誰もがまるで時候の挨拶のように使い、タクシーに乗れば「景気が悪い」を枕詞に愚痴を言い合う――そんな空間がまさしく「平成的」だからだ。さらに、この引用で柳川が言うように、「経済問題が非常によく議論された十年」を取り上げる同書でさえ「平成不況」と「失われた十年」が何の断りもなくフラットに並んでいる。その様子がいかにも「平成的」だからである。

たとえば、同じ元号と経済の結び付きで考えても、「昭和恐慌」を別の表現に置き換えられるだろうか。世界恐慌に端を発するからといって、「世界恐慌・日本版」とは到底言えないし、金解禁に由来するからとはいえ、「金解禁後不況」とも言い換えられない。「失われた十年」や「平成不況」が長く続いている、あるいは現在も続いているからこそ別の呼び方がありえるのだ、と反論したくなるかもしれない。では、「高度経済成長」ないしは「高度成長」を何か別の言い方で表せるだろうか。これがトートロジーに聞こえるだろうか。そうだとすれば、名称と名付けられた対象とが一致しているからなのである(2)。

もし、「平成」時代の経済停滞を指す表現が一つに決まれば、「平成不況」「失われた十年」「バブル崩壊後」といったことばの残り二つは姿を消すはずだ。これも同じことの繰り返しに聞こえるだろうか。そうだとすれば、それは「昭和恐慌」や「高度経済成長」とは逆に、名称と現象とが完全には一致しない証左ではないか。あるいは、本章で取り上げる「バブル」にしても、この現象を「黄金の五年間」とか「昭和最後の好況」といった形で振り返ることはない。「バブル」はそれほど定着しているのではないか。

だからこそ、本章では真っ先に経済を取り上げる。「平成」が時代区分として明確な像を結ばない、その端的な事例として最適だからである。さらに言えば、どのことばから取り上げても変わらないところにも、三すくみの関係性が特徴づけられる。便宜上、単純にそれぞれが起きた順番に見ていこう。すなわち、バブルが崩壊し、その渦中から「平成不況」と名付けられ、そして十年が過ぎないうちに「失われた」と言われる、その順序に沿ってたどっていく。ただ、ここで以下のことを断っておく必要がある。本書の関心はあくまでもことばの運動にあり、経済学における論争には立ち入らない。そしてこの間の経済停滞の原因や結果、処方箋や今後の教訓といった、経済学者や市場関係者にとって大事な話にも立ち入らない。もちろん、これは書き手の力量や資格にも由来する。ただそれよりも、門外漢が素朴にことばの一端を見つめるだけでも十分に「平成的」な感覚をあぶり出せると考えており、それが現代社会論としての本書の役割だと位置づけている。

2　バブルのイメージ

「バブル」とはいつのことか

バブル——昨今のアベノミクスに関連して再び思い出されるこのことばは、辞書的な意味、あるいは経済学での限定された定義を超えて、ひとつの時代を表しているかのようだ。「朝日新聞」二〇一三年（平成二十五年）五月二十八日付朝刊は「バブルの記憶」と題して一ページを割き、当時の思い出を三人の経験者に語らせている。そのひとり、「踊った人」として登場する荒木久美子は「「ジュリアナ東京」で、ボディコンで扇子を振る姿が注目される。通称「荒木師匠」」と紹介されている。バブルを思い出すひとつの風景として、しばしばこの「ジュリアナ東京」の「お立ち台」でワンレン・ボディコンのギャルが踊り狂う姿が映っても、テレビ番組のひとこまとして何の違和感も覚えないほどだ。しかし、荒木は言う。「ジュリアナが開店したのは、バブル崩壊期の一九九一年。それに気づかず、お金をばかばか使っている残党がいました」と。まさしく「ジュリアナ東京」は「バブル崩壊期」の喜劇として噴き上がった徒花にすぎなかった。にもかかわらず、なぜ、バブルと言えば「ジュリアナ東京」が持ち出され、そしてあたかもひとつの時代を区分する記号であるかのように扱われるのだろうか。

もちろん、この疑問に直接応える営みは、それ自体尊いだろう。バブルは「実態のない投機によ

耕論
バブルの記憶
オピニオン
見下ろす欲の渦、変だった
荒木久美子さん

図３
（出典：「朝日新聞」2013年５月28日付）

る熱狂を指し、泡のように消えることからいう。（略）一九八〇年代末の日本も、土地と株式でバブルが起こり、九〇年代その崩壊によって長期不況が発生した[3]」と、辞書の権威を借りてしまえば事足りるのかもしれない。あるいは、もう少し経済学の風味を増して、「ファンダメンタルズから乖離して資産価格が上昇または下落していく現象[4]」と抽象的に言い表せば、それなりに格好がつくかもしれない。そうした経済現象を象徴するイメージがバブルなのだろうか。「熱狂」や「乖離」といった印象にうってつけだったのが、荒木久美子が振り返る「熱気のなか、みんながトランス状態になって」「欲とか虚栄心とか、人間のドロドロしたものが一つの大きな「気」になって、そこに存在していた」姿だった。ひとまずは、そう言えるかもしれない。「いま振り返ると、変だったと思いますよ。おっかしいんじゃねえの、と」と、荒木にまとめられてしまう時間として、あっさり回顧されるのかもしれない[5]。

バブルとその崩壊

実際、日本でバブル経済のピークを示すのは、一九八九年十二月二十九日の日経平均株価三万八千九百十五円八十七銭という史上最高値である。エピソードも枚挙にいとまがない。八九年十月三十一日の、三菱地所によるアメリカ・ニューヨークのロックフェラー・センター買収でもかまわないし、東京の繁華街でタクシーを待つ長蛇の列を思い浮かべてもいい。あるいは、既に述べたように、「ジュリアナ東京」で熱狂する女性も思い出すことができる。そうした一連のイメージとともに、いまなおバブルをめぐることばは量産され続けている。日本語の時空間における「戦後」という区分は、次の戦争が訪れるまで続くと考えられる。それと同様に、「バブル後最安値」という枕詞も、次のバブル、しかも、ITバブルを上回る規模で発生しない限り使われ続けるだろう。よほどのことがない限り次の戦争は起こらないとする無邪気な信仰が見え隠れするために、日本語圏での次の「戦後」は想像できないし、したくもない。同じように、「バブル崩壊」の周りにも、あれほどの多幸感や高揚感に包まれた祝祭はもう二度とやってこないとする、あきらめと安心感が漂っている。次の「バブル崩壊」はないと予感しているわけだが、予測の有無が両者を隔てている。「戦後」は、負けるはずがなかった神国日本の（建前上は）予想外な敗戦とともにあらわれた。それに対して、「バブル崩壊」の「事後」は、実は事前に予告されていた。「戦後」は予想していなかった驚きを伴っていたが、「バブル崩壊」は予想し尽くされていたし、そんな安堵を伴っていた。

日経平均株価をめぐって、「バブル後最安値」という見出しが新聞で初めて使われたのは、一九九五年七月三日に一時一万四千二百九十五円九十四銭まで下落したときだった。株価は、九八年八月二十八日に最安値を更新した後、アメリカに始まったインターネット関連企業の株価高騰に由来するITバブルにより、二〇〇〇年三月にかけて一時的に反転したが〇九年三月十日には、七千五十四円九十八銭まで下落する。その後は少し持ち直したとはいえ、「朝日新聞」二〇一二年六月四日付夕刊は、「バブル後最安値を更新　TOPIX、二十九年ぶり水準」との見出しで、東京証券取引所第一部全体の値動きを示すTOPIX（東証株価指数）が、「バブル崩壊後」の最安値（二〇〇九年三月十二日の六百九十八・四六）を下回ったと伝えていた。

こうした「バブル崩壊後」という記号は、当初から予期されていた。「朝日新聞」一九八五年五月四日付朝刊は、「昨年以来のドル高・円安現象を「バブル（泡）現象」と呼ぶ。中身がからっぽでありながら、やがてこわれてあとかたもなくなることをいう」と書く。既にその崩壊のはるか以前から、「やがてこわれてあとかたもなくなること」は織り込みずみだったし、あらかじめ崩壊を運命づけられた運動だったのである。だから、一九九〇年初頭に日経平均株価が急落したときも、「バブルがどんどん膨らんだ後に破裂して大きく下げるよりは、先に小さく下げたほうがよい[6]」という楽観的な観測が主流を占めていた。「バブル」はその発生過程から「終わり」を繰り込んだ形で言及されていて、「戦後」に対する「戦前」のような「バブル前」は存在しない。「前」と「後」を明確に区別できず、「前」の時点から「後」を予測し予言している動きだった。

実際、一九九〇年代の「経済白書」を分析した井上定彦が明らかにしたように[7]、アメリカの経済学の大家ジョン・K・ガルブレイス[8]や日本の経済学の泰斗・宮崎義一[9]による分析にもかかわらず、日本政府が「バブル崩壊」の影響を深刻に受け止めたのは、九九年一月に経済企画庁（当時）が公表した「平成十年経済の回顧と展望」を待たなければならなかった。受け止めきれないほどに、「バブル崩壊」が大転換となったとも言える[10]。だがそれよりも概念として、すなわち、ことばのレベルで「崩壊」が織り込まれていたために、実体的な変化への取り組みが遅れたと捉えられるのではないか。

本章冒頭で見たように、バブルとは「実態のない投機による熱狂[11]」や、「ファンダメンタルズから乖離して資産価格が上昇または下落していく現象[12]」を指している。ことばの意味として、その「崩壊」や「後」は含まれていない。一九九〇年代のアメリカ合衆国での「ニューエコノミー」のように、「ITによって景気循環が消えた[13]」とする楽観的な観測や希望こそが、バブル景気に当てはまる。永遠に続くと信じていたのに、突然終わりを告げられてしまう。その驚きゆえに、「バブル崩壊後」が続くと考えるべきなのかもしれない。しかしながら、既に概観したように、こと日本でのバブルに関しては、その最中から「弾けるぞ、弾けるぞ」と危惧しているうちに、予測どおりに弾けてしまった。難しい表現を使えば、言説の予定調和にはまり込んでしまったのであり、社会学的に言えば予言の自己成就が果たされてしまったのである。簡単に言えば、弾けたとき、崩壊したときに、「ああ、やっぱり終わったんだね」とでも言うように納得されてしまったのである。

ところが、事態はそう単純ではない。

堀井憲一郎が言うように、「バブル」ということばが新聞や週刊誌の見出しレベルで広く使われるようになるのは一九九〇年を待たなければならず、それ以前には、たとえば「狂乱物価」や「地価狂騰」「マネーゲーム」といった表現が飛び交っていた[14]。

また、試みに国立国会図書館のデータベースで「バブル崩壊」を含む文献を検索してみると、次の図4にあるように、バブルをめぐることばは一九九二年にピークを迎え、その後急落する。とこ

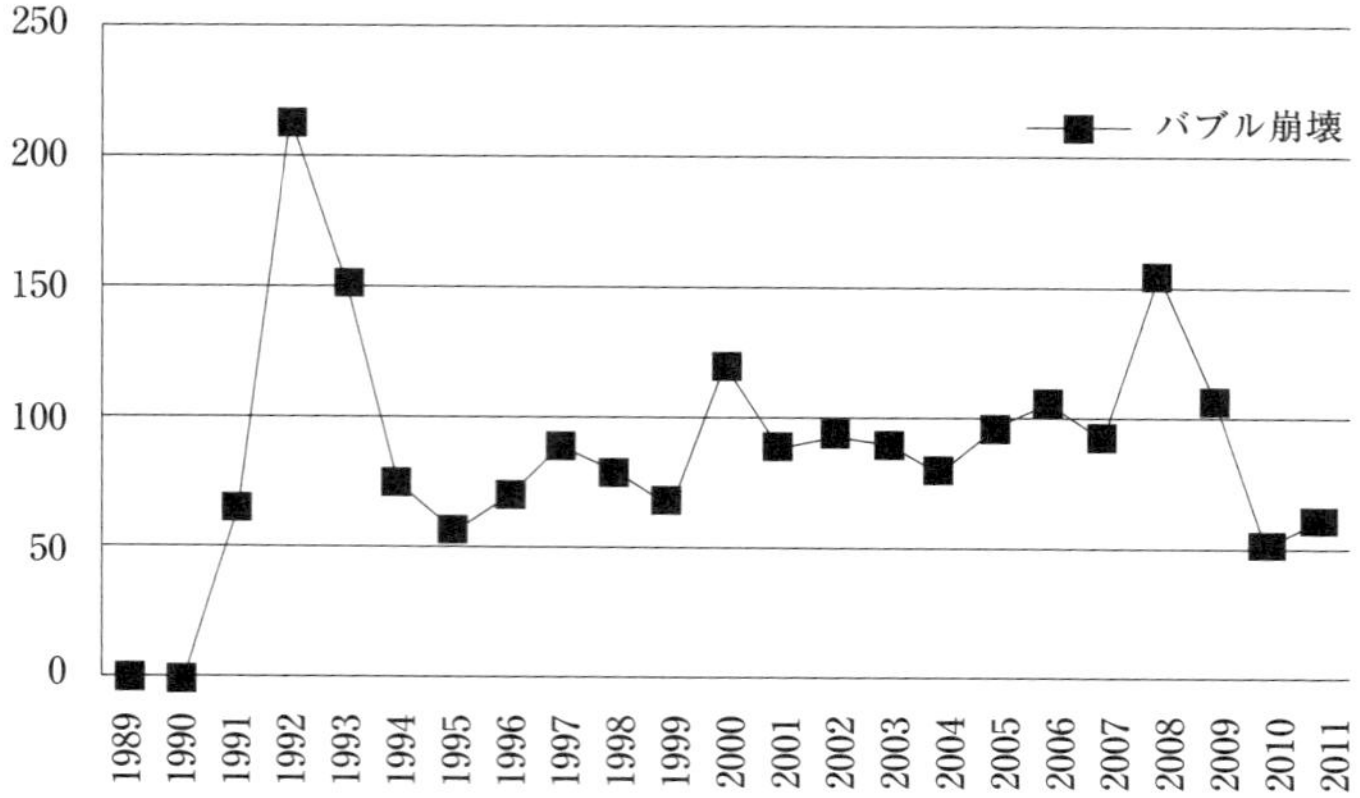

図４　バブル崩壊（国立国会図書館サーチ該当数）

ろが、右肩下がりになることはなく、九〇年代を通して一定数を保ち続ける。その間、経済学者をはじめとする識者たちが「バブル崩壊」を確認し、その定義や対処法をめぐって延々と議論を続けてきた。バブルを論じたい人たちが常にことばを量産し続けてきた一方で、そのことばを読みたい人たちもまた、一定の数を保ち続けてきた。つまり、言いたい人たちと読みたい人たちが、ことばをめぐるサークルのなかで幸福な共存関係を保ち続けてきたのだ。

グラフに頼る必要など、ないのかもしれない。既に何度も断っているように、同じ時期の同じ経済停滞を指し示すことばが、「バブル崩壊後」「平成不況」「失われた十年」と、それぞれ異なる含意を持ちながら、三つも同居している。この状況が、何よりも端的に混乱を表しているのではないか。また、「バブル崩壊」はどのような原因によって起きたのか、あるいはどのような現象だったのか、そしてどれほどの影響があったのかといった、原因と事態と結果が確定していない。

この混乱が名付けのレベルに象徴されているのではないか。

もちろん、ここで、経済学者やエコノミストたちを揶揄したり嘲笑したりする意図など、全くない。確かに、「経済」をめぐって費やされることばの外部にいる立場からすれば、お座敷芸とでも言うべきことばの永久運動は、からかいの対象となってしまうかもしれない。しかしここで注目したいのは、あくまでもことばのあり方にすぎない。何がバブルなのか、あるいはバブルではないのかといった、ことばの永久運動の仲間に入れてほしいわけではなく、ことばが積み重ねられていくありさまが興味深いのだ。

バブルは、発生の最中からあらかじめ崩壊を予告された運動だった。だからこそ、崩壊したときにも織り込みずみの出来事として納得されたはずだった。ところが、「バブル崩壊」をめぐることばの増殖は、腑に落ちない動きに思える。さらに、同じ時期の同じ現象をあらわすことばがいまだに三つも並び立っているありさまを見ると、いささかも納得などされていないようだ。

ただ、繰り返すように、本書の目的は、どのことばが経済学的ないしは社会学的に「正しい」のか、また事態を正確に描写しているのかを確定することではない。バブルはその発生当初から、「崩壊後」という「ことのおわり」を含んでいながら、そして、それゆえに崩壊時に事態を飲み込んだかに見えながらも、延々と「バブル崩壊」についてのことばを積み重ねてきた。その理由がいかにも「平成的」に見えるのである。

何も思いつきで言っているわけではないと示すために、もう一つのことば、「平成不況」を見てみよう。

3 「平成不況」は、いつ始まったのか

「平成不況」とは何か

『「平成」論』と銘打って「平成的」な空気の解明を目指す本書にとって、「平成不況」は「バブル崩壊」や「失われた十年」よりも優先するべきことばかもしれない。が、そうではない。何度も繰り返すが、それら三つがフラットに並んでしまうのがいかにも「平成的」なのであり、「平成不況」さえ、単独では立ち上がらないのである。

同じ「平成」の時空間での現象でありながら、「平成不況」と「バブル崩壊後」「失われた十年」という三つの呼び方があるのに対して、「昭和恐慌」にはそれ以外の言い方はありえない。それほど「昭和恐慌」が定着しているのに対して、「平成不況」は定着していない。

むろん、「昭和恐慌」ということばは、渦中ではなくかなりの時を経てから、すなわち戦後になって作られた[15]表現だ。だとすれば、「平成不況」もまた、後々になってみれば、涼しい顔をして歴史辞典に収まっているのかもしれない。つまり、本書に対して寄せられる批判がここでも予想される。「平成」は、いまがまだその最中だから像を結ばないのであって、時間が経てば性格がはっきりするよ、と。しかしながら、「昭和恐慌」が事後に形作られたのに対して、「平成不況」は既に平成三年にはその姿を週刊誌で「総力取材」されている。そこに大きな違いがある。この週刊誌の記

事を見る前に、少しだけ「昭和恐慌」との対比をしておこう。

元号を掲げた経済停滞との連想で、「平成不況」を「昭和恐慌」と比較する試みはいくつかなされている。保坂直達は『平成不況と昭和恐慌――歴史の教訓と解決への道』（三嶺書房、一九九六年）のなかで「構造問題」を共通課題として抽出し、中村隆英は『昭和恐慌と経済政策』（〔講談社学術文庫〕、講談社、一九九四年）で「バブル」が共通していると述べる。この二冊を受けて、田中秀臣と安達誠司は『平成大停滞と昭和恐慌』で、「この平成デフレ不況への処方箋は、デフレ・ギャップを解消するような金融政策と中立的な財政政策である[16]」と述べる。あるいは、経済史家・岡崎哲二の仕事に見られるように、「歴史の教訓に学ぶ」立場は確かに貴重だ。経済学者たちの議論が百家争鳴である点、あるいは、いくら政策を出してもなかなか「平成不況」が解決しない点も確かに興味深い。大澤真幸にならって、「ぼくたちが疑うべきは、理論の根本的な前提に何か誤りがある、ということではないでしょうか[17]」と半畳を入れてもかまわないし、経済学という学問自体が物理学のような科学「ではない」のではないか、と茶々を入れてみたくもなる。だがそれよりも素朴に、もし「昭和恐慌」から何らかの教訓を得られていたとすれば、そもそも「バブル」は起きていなかったかもしれないし、あるいは、あれほどまでに予言されていた「崩壊」にあたっても算段を尽くせたのではないかと問うてみたい。

いまもまだ「平成不況」のなかに？

にもかかわらず、いまだに「平成不況」は続いているとされる。経済学者の大瀧雅之は『平成不況の本質』と題した近著の冒頭で、「一九九〇年の地価・株価の大暴落、いわゆる「バブル崩壊」以降、ほぼ二十年にわたって日本経済は不調を続けているというのが、大半のマスメディアの論調である」としたうえで、「マスメディアの論調の大半は誤った経済理論とあやふやな経済手法を用いた一種の世論操作である」と批判する。そして、「この平成不況の二十年と、それに先立つ一九八五年のプラザ合意からバブル崩壊に至るほぼ五年間を合わせた期間について（略）八〇年代後半を「バブル期」、九〇年代を「失われた一〇年」、二〇〇〇年代を「構造改革期」」と設定する。[18]大瀧がいみじくも挙げているように、名目国民所得の平均額（年額）は「バブル期」に約三百兆円、「失われた十年」に約三百七十兆円、「構造改革期」に約三百六十二兆円と増えている。にもかかわらず、失業率が一貫して上昇している点をもって、大瀧は「日本は七〇年代中盤からの安定成長期以降、三〇年近くずっと不況なのである」[19]と断言する。繰り返すように、本書では経済学に内在した議論には立ち入らないが、「平成不況」と題した同書で、「バブル」と「失われた十年」が何の断りもなく同居している点は興味深い。

この同居は、「平成不況」の軽さ、つまり既に述べたように、その渦中というよりも始まりにおいてそう名付けられた性格にも由来する。試みに週刊誌を見てみよう。「週刊現代」一九九一年十一月二十三日号（講談社）は、「全角度総力取材　一流企業もぞくぞく非常事態宣言！　平成大不況――「いざなぎ」を越えたら「地獄」が待っていた」と銘打った特集を組んでいる。そのなかで「気鋭のエコノミスト　竹中平蔵　慶応大学助教授」は、「日本は「民富」の道を歩め」と、後の「構造改革」の源泉とも言うべき主張を述べている。[20]まだ「平成」が始まって三年も過ぎていないにもかかわらず、さらには「不況」と呼ぶのか否かさえ定まっていないにもかかわらず、「平成大不況」を「総力特集」してしまい、そこに「気鋭のエコノミスト」がコメントを寄せるところからは、事態を真剣に受け止めているのではなく、記号だけが飛び交っている様子がうかがえるのではないか。

むろん、シリアスに捉えている学者も少なくなかった。一九九四年一月、佐和隆光は『平成不況の政治経済学』[21]で、宮崎義一が提唱した「複合不況」に依拠しながら、政府の認識の甘さを批判した。他方、その半年前の九三年六月には、日本経済新聞社が『平成不況は終った』と題する本を出している。そこでは「平成景気」の裏返しとして「平成不況」が語られ、景気対策と経営者の強気の姿勢、円高の活用さえあれば、九三年後半には「平成不況との訣別が期待できる」[22]と煽り立てている。

図５
（出典：「週刊現代」1991年11月23日号、講談社、31ページ）

確かに佐和が憂えるように、この不況はかつてないほど深刻であり、長引いてしまった。他方で「日本経済新聞」が煽動したように、一九九四年から九五年にかけての円高によって、翌九六年には輸出関連産業が潤っている。「平成不況」を深刻に捉えた側も楽観視した側も、いずれも正しかった。それほどまでに「平

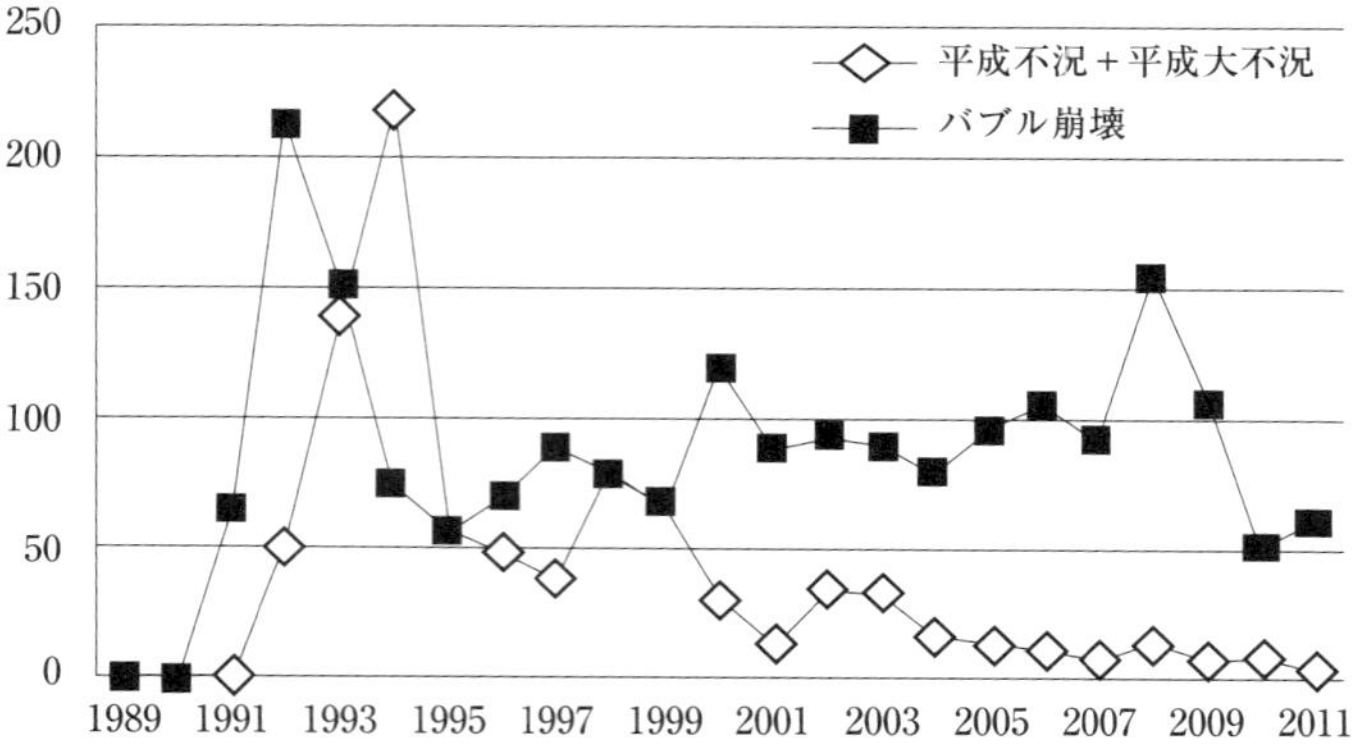

図6　「バブル崩壊」と「平成不況＋平成大不況」（国立国会図書館サーチ該当数）

成不況」は一筋縄ではいかなかったし、像を結ばない空集合にすぎなかった。

ここでも試みに、国立国会図書館のデータベースを照合してみよう。

「平成不況」はきわめて一過性の呼び名にすぎなかった様子がうかがえる。佐和隆光が深刻さを憂慮し、「日本経済新聞」が終わりを宣言した一九九三年から九四年にかけて、局所的に飛び交っただけであり、「バブル崩壊」のようなイメージも崩壊の予告もない。週刊誌の見出しにふさわしい軽い流行語として使い捨てられたのが「平成不況」だった。いわば、お笑いで言う「出落ち」のように、世に出たときがすべてであり、このことばを定着させようという意図も予感もなかったのではないか。何となく意味がわかりそうでありながら、しかし他方で、「昭和恐慌」のような確固たることばとして定着しない――この感覚こそ、まさしく本章の冒頭で「平成的」と名付けたものではないか。

だからこそ、このことばは日本語圏以外では通じない。

東京大学とコロンビア大学の経済学者によって著された『ポスト平成不況の日本経済[23]』は、日米でほぼ同時に発売された。英語版の書名は *Reviving Japan's Economy: Problems and Prescriptions* であり、「バブル崩壊後」は見当たらない。議論の中心となるのは、「失われた十年」である。この場合、西暦であらわすときは国際的、元号を使うときは国内的とした、本書序章での議論とも重なり合う。

ところが、この「失われた十年」もまた、「バブル崩壊後」や「平成不況」と同様に、呼び名を独占できないばかりか、ダラダラと延命するだけなのである。次はそのありさまを見てみよう。

4　いつから「失われた十年」なのか

「このままだと失われた十年になる」

「二十世紀最後の十年間も今日で終わる。この十年は、海外からは日本の「失われた十年」と呼ばれた」と書き始められるコラムは、当時、「朝日新聞」のコラムニストだった船橋洋一が、二〇〇〇年十二月三十一日付の同紙朝刊一面に掲載したものである。船橋が指摘するように、このことばは一九九六年ごろから、日本以外の新聞・雑誌で「このままだと失われた十年になる」という形で言及され始めた。おそらく最も早いのは、一九九六年五月二十五日付のカナダの「トロント・フィナンシャル・ポスト」紙が「Japan's lost decade（日本の失われた十年）」と題した記事のなかで、

「The outstanding current example of the dark side of this cycle is Japan, where the 1990s is looking like a lost decade.（この景気循環における負の側面のうち、最も顕著な事例が日本であり、その一九九〇年代は、はやくも失われた十年になりつつあるように見える）」と書いている。九六年と言えば、確かにバブルは崩壊し、金融機関の倒産が見られたものの、最も決定的な打撃を与えた山一証券の廃業や北海道拓殖銀行の破綻が起きた九七年、日本長期信用銀行の国有化や日本債券信用銀行の経営破綻などに追われた九八年よりも前だ。そんなときに、既に「失われた十年」に「なりつつあるように見える」あるいは「似てきている」と、カナダの新聞に断言されてしまったのだ。船橋が引用するとおりその後も、散発的に「日本の官僚エリートこそ失われた十年の設計者」（「ビジネス・ウィーク」一九九七年十二月）といった非難や、「日本はサッチャーのような政治指導者が必要。さもなければ、日本の九〇年代は失われた十年となる危険が大きい」（「フィナンシャル・タイムズ」一九九八年七月）といった予測、ないしは「（三菱自動車のクレーム資料隠ぺい事件に触れ）システムをそのままにし、すり抜けようとするやり方では、日本は次の十年もまた失われた十年となるだろう」（「ビジネス・ウィーク」一九九九年三月）といった批判が現れた。

これに伴って、船橋のコラムを筆頭に、日本語の表現としても「失われた十年」が経済停滞や政治・行政の不手際を指弾する際に定着していった。

しかし、船橋が述べるように、「日本は大不況は免れた」のであり、「この十年でもっとも「失われた」のは「国力」と「指導力」である」と捉えるのが妥当なのだ。あるいは、遠藤知巳が言うように、「「もはや八〇年代ではない」ことだけを確認するかのように、「失われた十年」と一括りにされた[24]」と述べてもかまわない。「失った」と言い続け、しかも、海外のメディアが生み出した表現を借りて言い募る。その限りでは、逆に一九八〇年代は失われない。八〇年代までに蓄積した富や国家としての威信、文化が「失われた」――そのように表現する場合、九〇年代のスタート時点で、自分たちを取り巻く環境は既にさまざまな分野でいろいろな貯えをもっていたという自信を表している。

「失われた」という受け身の形で、しかも、いまだ「十年」が過ぎていない渦中で、「このままでは失われた十年になりそうだ」と日本以外の言語圏から言われてしまう。それはなぜなのだろうか。

経済学者の橘川武郎は次のように整理している。「日本経済の主要資本主義諸国中での相対的高成長は、一九一〇年代に始まり、第二次大戦敗北直後の一時期を除いて、一九八〇年代までほぼ一貫して継続したことがわかる。この約四分の三世紀にわたる長期の相対的高成長を終焉させたものこそ、ほかならぬ一九九〇年代の日本経済の低迷であった。「失われた十年」の歴史的意味は、きわめて重く、きわめて深刻[25]」だった、と[26]。当事国以外の国々に対してもインパクトが大きかったからこそ、高度経済成長が奇跡と呼ばれたのと同様に、この十年間の低迷もまた、きわめて大きな驚きをもたらした。その衝撃が、十年を経ないうちに「失われた十年」になりつつあると言わしめるほどの違和感として発露していたのだ。

もちろん、そうした実態面でのショックをふまえたうえでなお、渦中で「失われた」と呼ばれた意味を考えてみたい。

既に見たように、「バブル」は発生当初から「崩壊」を織り込んだ形で言及されていた。そのた

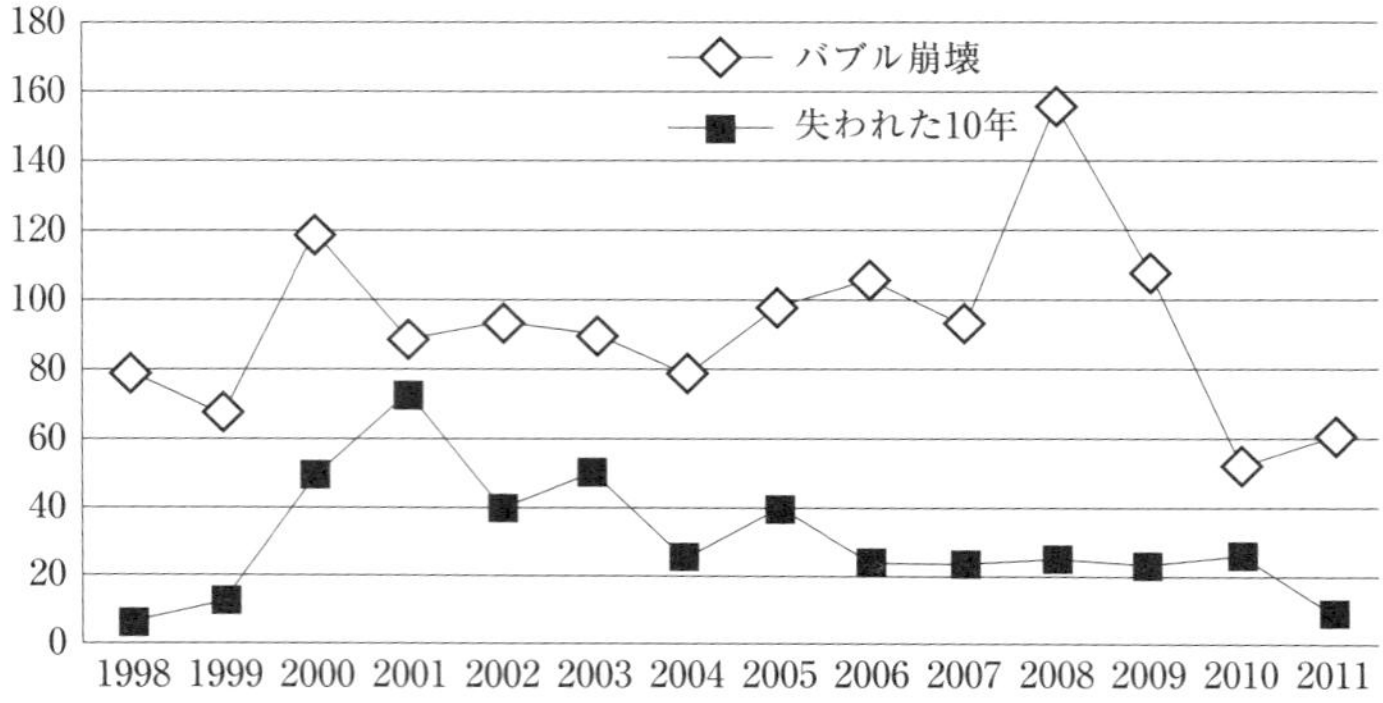

図7 「バブル崩壊」と「失われた10年」(国立国会図書館サーチ該当数)

めに、「崩壊」時点では深刻に受け止められず、かえって延々と論じられ続け、現在もそれは続いている。その様子は図7のグラフが傍証になる。

崩壊したのは一九九一年の初頭であるにもかかわらず、その後も脈々とバブルにまつわることばが降り積もっている。それに対して、終わる前から「失われた」という受け身、ないし過去形で表現されてきた「失われた十年」は、まさに船橋のコラムの翌日から始まった二〇〇一年に一時の盛り上がりを見せるにとどまり、波及力を持たなかったかに見える。確かに、香川県立図書館が整理した文献だけでも三十冊に及ぶ単行本が出版されているが[27]、「失われた十年」をめぐる議論はまとまっていない[28]。だが、二〇〇〇年以降を通して論じられ続けている点では、「バブル崩壊」が一九九〇年代以降語られ続けた点と同じ傾向を示している。この点で、一時の流行で終わった「平成不況」と両者は異なる。

しかし、試みに学術的なことばを扱うデータベースを探ってみると、図8のように、「失われた十年」は圧倒的に経済の分野に限られた言い回しにとどまる。

「バブル」は「バブル文化論」といった形で、たとえ牽強付会な思い出話だとしても、ある種の漠然としたイメージを共有できる。それに対して「失われた十年」は「失ったもの」として挙げられる事項は、圧倒的に精神的（spiritual）なものが多い[29]」といくら強弁したところで、図８が示すように、完全に経済に限定された記号にすぎない。だから、既に取り上げたように同じ経済面での変化を示すことばでも、「高度経済成長[30]」という単語が所得の増加に伴う日本人の夢を投影していたのに対して、この「失われた十年」はそこから派生するさまざまな社会的出来事とは容易に結び付かない。

1	経済	290
2	この人にも	16
3	ラテンアメリカ	7
4	韓国	6
4	環境	6
4	アメリカ	6
7	日本医療	5
7	日米安保	5
9	アフリカ	4
10	ヨーロッパ	2
10	世界ポリオ	2
10	企業内教育	2
10	エネルギー	2
14	ユーゴスラビア	1
14	マイクロソフト	1
14	プロ野球	1
14	タイ	1
14	ソ連	1
14	創価学会	1
14	専業主婦	1
14	新聞	1
14	自衛隊	1
14	教育	1
14	オウム法廷	1

図８ 「失われた10年」を含む文献数

何が「失われた」のか

もちろんこの時期には、たとえば阪神・淡路大震災やオウム真理教事件、酒鬼薔薇聖斗事件、あるいは和歌山毒物カレー事件など、「社会を震撼させた」という枕詞が付される事態が頻発したように見える。そしてそれらを根拠として、「何か」が「失われた十年」だったと簡単に片付けてしまうことも可能かもしれない。

しかしながら、「失われた十年」は二〇一四年現在、たとえば「失われた二十年[31]」や「失われた三十年[32]」のように、概念としてダラダラと引き延ばされている。この様子からもうかがえるように、それは文化や事件をも含んだ社会の記述ではなく、経済的な指標の端的な言い換えなのである。

この「失われた十年」の引き延ばしに対抗する試みもある。鈴木智之・西田善行ら八人の社会学者は、「一つの時代（時間的な区分）を単一の文脈としてあらかじめ想定してしまわないこと」を目指し、作家の角田光代や村上龍、映画監督の岩井俊二や黒沢清、猟奇的な犯罪者・酒鬼薔薇聖斗、アニメ『美少女戦士セーラームーン』といったさまざまな「文化」的な事象をランダムに取り上げている[33]。けれども、そのすべての文章で、「九〇年代」は「終焉」や「崩壊」「破産」「困難」「災厄」「挫折」「想像を絶する」「冬の時代」といった否定的・消極的な符牒によって語られる。ただし、本書は同書の試行錯誤を否定したいわけではない。

「失われた十年」なることばは遡及力を持たず、経済の面に限って使われているにもかかわらず、かえってやんわりと自己規定をかけてしまう。その仕組みを見たいのだ。失われていない段階から

「失われた」と外部から指差されたために、「日本は大不況は免れた」にもかかわらず、そのインパクトの大きさに自分たちの側から身を寄り添わせてしまうかのようだ。あたかもそのように、ことばが紡ぎ出されていく。「失われた十年」は、その完結前に「失われた」点に目をつぶるとしても、本来なら「十年」を指した時点で終わらなければならない。けれども、「失われた二十年」や「失われた三十年」としてダラダラと引き延ばされていく。しかも、二〇〇二年一月を谷として〇七年十月まで六十九カ月間も続いた、「いざなぎ景気」を超える戦後最長の景気拡大があったにもかかわらず、「失われた二十年」どころか「失われた三十年」なのだという。この締まりのない引き延ばしは、実は「バブル崩壊後」に延々とその原因や事態や結果の分析を続けるありさまと似ているのだ。

すなわち、「平成不況」だけでなく、「バブル崩壊後」も「失われた十年」も、経済的な状況を指し示すことばとして正確に対応する内実を持っていない。この状況がいかにも「平成的」なのである。

5 「平成的」な経済から歴史へ

経済を語る人たち

最後に、ここまでの議論をまとめたうえで、次章での議論につなげてみたい。

本章の出発点は、バブルや「失われた十年」の曖昧さが、「平成」による時代区分の困難と共通する性格をもっているのではないかという問いかけだった。その際、バブルがあらかじめ予告された失敗を含んでいるがゆえに、その後も論じられ続ける対象として延命している点を指摘した。さらに「失われた十年」にいたっては、経済の分野に限られて流通しているにもかかわらず、「失われた二十年」や「失われた三十年」としてだらしなく引き延ばされる様子を見た。そして、そのいずれもが「平成不況」と呼ばれる時期とほぼ同じ期間を指しているにもかかわらず、どれも確固たる地位を占めるにいたっていない点を縷々延べてきた。

試みに、「平成不況」「バブル崩壊後」「失われた十年」について大宅壮一文庫のデータベースでの該当件数を列挙してみると、それぞれ四百三十八件、二百二十九件、二百三十二件で、「平成不況」が週刊誌の見出しでは他の二つを引き離している。これに「平成大不況」の百三十六件を加えれば、さらに差は広がる。ところが、既に使用した国立国会図書館サーチ該当数では、それぞれ八百四十一件、千百十二件、六百五件となり、書籍を加えると、「バブル崩壊後」が時代を捉えることばになっているかに見える。しかし、先述の国立情報学研究所のデータベース「CiNii」で調べると、それぞれ三百二十件、三百九十九件、四百三件となり、論文ではわずかながら、「失われた十年」を主題として取り扱っているケースが多いようだ（いずれも最終アクセス日は二〇一四年三月三十一日）。

何度も繰り返すように、本書の関心は、この期間をどの呼び名で言い表すのが適切かを判定するところにはない。そうではなく、このように混在しているありようが面白く、いかにも「平成的」

だと言いたいのである。

先に述べたように、「昭和恐慌」が後付けであるのと同様、たとえば神武景気や岩戸景気、いざなぎ景気といった、いずれも開闢以来、つまり、歴史が始まって以来初めての好景気を示すことばもまた、終わりを迎えてから生み出されてきた。ところが、本章で取り上げている三つの呼び方に加えて、一九九二年は宮崎義一の同名著書に由来する「複合不況」が、そして、九八年には当時の経済企画庁長官・堺屋太一が生み出した「日本列島総不況」が、それぞれ同年の流行語に選ばれている。もちろん、流行語が何を指しているのか、その水準は時代によって大きく異なる。メディアの状況が異なっている以上、「複合不況」や「日本列島総不況」といったことばを、神武景気などのように誰しもが素朴に口にしていたとは思えないし、実際にそうは言えないだろう。ただ、ここでも、その渦中にありながら事態を名付けようとする、せっかちな試みが散発していたさまが見られるのである。試みに、「朝日新聞」の東京本社発行の朝・夕刊の見出しに限って、これまでに出てきた呼称を数えてみると、「平成不況」は五十五件、「バブル崩壊後」は二十一件、「失われた十年」は十五件、そして、「複合不況」は九件、「日本列島総不況」にいたってはゼロだ。他方で、神武景気は十一件、岩戸景気は七件しかない。つまり、新聞の見出しの多少を根拠に定着しているのかどうかを判断することはできないが、少なくとも、いずれにも定まっていないとは断言できる。この隔靴掻痒が、いかにも「平成」らしいのではないか。

経済に事寄せた呼び方が三種類も命脈を保っているのだから、この時期には経済で時代を語れていたのだろうか。もちろん、肯定にせよ否定にせよ、その立証は困難を極めるだろうが、試みに、

「朝日新聞」の「論壇時評」の担当者を列挙してみよう。一九八八年、すなわち「昭和」が終わりつつあった年に経済学者・佐和隆光が務めたのを最後に、佐々木毅（政治学）、高橋進（国際政治）、青木保（文化人類学）、山崎正和（文明論）、米本昌平（科学論）と、「九〇年代」を通じて、経済学者はひとりも名前を見せない。次に経済学者にお鉢が回るのは二〇〇〇年から二年間担当した間宮陽介であり、その後は、国際政治学の藤原帰一を挟んで金子勝にバトンが渡り、杉田敦（政治哲学）を挟んで松原隆一郎へと、二〇〇〇年以降は経済学者が頻繁に顔を出す。けれども、そもそも「平成不況」「バブル崩壊」「失われた十年」の渦中にあって、最もヴィヴィッドな分析を期待されているはずの経済学者は、局所的なことばしか紡ぎ出せなかったのだろうか。時代を代表する経済学者の不在が、この時期を指し示すことばの混在を招いたのかもしれないし、あるいは逆に、それほど表現が難しい時代だったからこそ、経済学者は主流を占められなかったのかもしれない。

蛇足ながらあらためて付け加えておけば、もちろん、「デフレ」によって総括されるほどの不況により自殺者が増加したものの、たとえば、「平成」年間のＧＤＰ（国内総生産）は百兆円ほど増えている。あるいは、一九九〇年代後半のロシアと韓国の通貨危機、また、二〇〇八年のリーマンショックや一〇年以降の欧州通貨危機にいたるまで、日本は、他の先進諸国が軒並み受けたＩＭＦ（国際通貨基金）などの国際機関による支援とは無縁だった。こうした経済状況を見ると、日本の「金融不安」なるものの正体は、相対的に「マシ」だったと言わなければならない。

したがって、経済学者が強調すべきだったのは、他国と比べたときの状況のよさにほかならない。ところが、そのように的確に環境を把握できなかったために、呼び名を定めることさえできないまま、現在にいたるまで飽きもせず、ことばを連ねてしまうのだ。その意味で、「バブル崩壊」を経て「失われた十年」にいたる「平成不況」の時空間とは、ことばが事態から剝離し、局域化し、自律的な運動を展開した時代だった。そしてそのどれもが時代像を結ばない。だから、「平成不況」という「失われた十年」は、「バブル崩壊」の後遺症に苦しんだと言い換えても、何ら違和感がない。

それはことばの「バブル崩壊」であり、ことばの有効性や伝播力が「失われた十年」であり、流通しない流行語（「複合不況」「日本列島総不況」）を生み出したという意味で、ことばの「不況」であった。

何度も繰り返すように、本書はこの事態を批判してはいないし、否定的に捉えたいと意図してもいない。逆に、肯定的に受け止めたいとさえ思っている。なぜならば、こうした空回りすることばの積み重ねがいかにも「平成的」であり、時代の空気だからである。「平成」という元号によって時代を区分できない。この「できない」という言明は確かに否定の形をとっているが、「できない」ことをプラスの方向に進められるとしたら、どのような視点がありうるのだろうか。

それを考えるために、次にヒントになるのは時代区分の本丸、すなわち歴史記述との関係なのである。

注

(1) 大竹文雄／柳川範之編著『平成不況の論点――検証・失われた十年』東洋経済新報社、二〇〇四年、三七ページ

(2) 懐かしいことばを使えば、シニフィエとシニフィアンが一致しているからだ、と言えるだろうか。

(3)「バブル」、伊東光晴編『岩波　現代経済学事典』所収、岩波書店、二〇〇四年、六三五ページ

(4) 柳川範之「バブルとは何か――理論的整理」、村松岐夫／奥野正寛編『平成バブルの研究　形成編――バブルの発生とその背景構造』上所収、東洋経済新報社、二〇〇二年、一九七ページ

(5) 二〇〇六年ごろ、当時の「バブル」の文化的側面を振り返る本が、比較思想史家の原宏之『バブル文化論――〈ポスト戦後〉としての一九八〇年代』(慶應義塾大学出版会、二〇〇六年)をはじめ、香山リカ『ポケットは80年代がいっぱい』(バジリコ、二〇〇八年)、村田晃嗣『プレイバック1980年代』(〔文春新書〕、文藝春秋、二〇〇六年)、都築響一『バブルの肖像』(アスペクト、二〇〇六年)、宮沢章夫『東京大学「80年代地下文化論」講義』(白夜書房、二〇〇六年)、辻井喬／上野千鶴子『ポスト消費社会のゆくえ』(〔文春新書〕、文藝春秋、二〇〇八年)と立て続けに出版された。また、本上まもる『〈ポストモダン〉とは何だったのか――1983―2007』(〔PHP新書〕、PHP研究所、二〇〇七年)や岩崎稔／上野千鶴子／北田暁大／小森陽一／成田龍一編著『戦後日本スタディーズ――「80・90」年代』第三巻(紀伊國屋書店、二〇〇八年)、仲正昌樹『集中講義！日本の現代思想――ポストモダンとは何だったのか』(〔NHKブックス〕、日本放送出版協会、二〇〇六年)といった、「ニューアカデミズム」などをふまえたアカデミックな観点からの出版も相次ぎ、前掲「大航海」第六十八号も「一九八〇年代」を特集している。このブームは、世代論でもって片付けてしまえるかもしれ

ない。「八〇年代」への郷愁を甘酸っぱい思い出とともに語る作法が許される年齢＝地位を、当時の「若者」が獲得したのだ、と。ただ、同時期に「昭和三十年代ブーム」が到来していた点と合わせると、これまた世代論的に、すなわち、団塊の世代と新人類世代を中心とした年少者たちの「思い出」をめぐる言論界での領土争いとして解釈できるのかもしれない。すると、ここで興味深いのは、本書の主題とは外れるが、上野千鶴子の立場ではないだろうか。団塊の世代として、本来なら「昭和三十年代ブーム」に癒される当事者であって不自然ではない彼女が、なぜ、このとき「八〇年代」の側についたのか。この姿勢が、彼女の、あるいは団塊の世代の狡猾さを如実に示している。

（6）（リチャード・C・ブリーデン　アメリカ証券取引委員会会長の発言）「朝日新聞」一九九〇年一月二十一日付

（7）井上定彦「日本経済「失われた10年」の現状認識と政策の論点をめぐって」、島根県立大学北東アジア地域研究センター編「北東アジア研究」第二号、島根県立大学北東アジア地域研究センター、二〇〇一年、二〇九―二二五ページ

（8）ジョン・K・ガルブレイス『バブルの物語――暴落の前に天才がいる』（鈴木哲太郎訳、ダイヤモンド社、一九九一年）。ちなみに、同書の原題は*A Short History of Financial Euphoria*であり、一九九一年の時点では「Financial Euphoria」（経済的な狂乱）を「バブル」と翻訳することに何の違和感もないばかりか、かえってそのほうがわかりやすかった様子がうかがえる。

（9）宮崎義一『複合不況――ポスト・バブルの処方箋を求めて』（中公新書）、中央公論社、一九九二年

（10）橘川武郎「「失われた10年」の意味」、東京大学社会科学研究所編『経済危機の教訓』（「「失われた10年」を超えて」第一巻）所収、東京大学出版会、二〇〇五年、二―二二ページ

（11）前掲「バブル」

(12) 前掲「バブルとは何か」
(13) 土屋貴裕「ニューエコノミー(デジタルエコノミー)」、小峰隆夫編『経済用語辞典 第四版』所収、東洋経済新報社、二〇〇七年、二八一ページ
(14) 堀井憲一郎『かつて誰も調べなかった百の謎――ホリイのずんずん調査』(文藝春秋、二〇一三年、三九八―四〇三ページ)。また、酒井順子も「バブルの頃、私達日本人は、「今、私達はバブル景気の只中にいる」ということを知りませんでした」と述べている(酒井順子『ユーミンの罪』〔講談社現代新書〕、講談社、二〇一三年、二〇三ページ)。他方で、経済学者の野口悠紀雄は、「バブルで膨らんだ地価」という論文を発表(「週刊東洋経済・近代経済学シリーズ」一九八七年十一月号、東洋経済新報社)しており、自身で「私の知る限り、この時期の地価高騰を「バブル」という言葉で規定したのは、これが最初である」(野口悠紀雄『戦後日本経済史』〔新潮選書〕、新潮社、二〇〇八年、一五七ページ)と述べている。彼ら三人を取り上げただけでも認識が異なる点が、本書の論点を捕捉しているのではないか。
(15)「第二次世界大戦後、昭和恐慌と呼ばれるようになった」(橋本寿朗「昭和恐慌」、『国史大辞典』第七巻所収、小学館、一九八六年、六六〇ページ)
(16) 田中秀臣/安達誠司『平成大停滞と昭和恐慌――プラクティカル経済学入門』(NHKブックス)、日本放送出版協会、二〇〇三年、六三ページ
(17) 水野和夫/大澤真幸『資本主義という謎――「成長なき時代」をどう生きるか』(NHK出版新書)、NHK出版、二〇一三年、二一一ページ
(18) 大瀧雅之『平成不況の本質――雇用と金融から考える』(岩波新書)、岩波書店、二〇一一年、一一二ページ

(19) 同書二〇ページ
(20) 竹中平蔵個人の歩みを中心に「平成不況」を跡づける営みは、誰かが試みるべきかもしれないが、本書ではそれとは異なるアプローチを続けたい。趣旨には必ずしも賛同できないが、こうした営みに近いものとして、佐々木実『市場と権力――「改革」に憑かれた経済学者の肖像』（講談社、二〇一三年）。
(21) 佐和隆光『平成不況の政治経済学――成熟化社会への条件』（中公新書）、中央公論社、一九九四年
(22) 日本経済新聞社編『平成不況は終った――景気回復の波を読む 日経短期予測』日本経済新聞社、一九九三年、一六ページ
(23) 伊藤隆敏／ヒュー・パトリック／デビッド・ワインシュタイン編『ポスト平成不況の日本経済――政策志向アプローチによる分析』祝迫得夫監訳、日本経済新聞社、二〇〇五年
(24) 前掲「「八〇年代」の遠近法」一六四ページ
(25) 前掲「「失われた10年」の意味」六ページ
(26) 橘川がその要因として、一九九〇年代には、①金融システムの動揺、②雇用の不安定化、③国際分業のあり方の変化、④サービス業のウエート増大、⑤少子高齢化といった構造的な変化を挙げるのは、きわめて真っ当な分析である。
(27) 「「失われた10年」、または「失われた20年」に関する資料」「香川県立図書館」（http://iss.ndl.go.jp/books/R000000006-I000067871-00）［最終アクセス二〇一四年四月五日］
(28) もちろん、簡潔にまとめた研究書として、たとえば、既に取り上げた東京大学社会科学研究所の全所的研究プロジェクト「失われた10年？――90年代日本をとらえなおす」の研究成果（前掲『経済危機の教訓』、東京大学社会科学研究所編『小泉改革への時代』〔「「失われた10年」を超えて」第二巻〕、

東京大学出版会、二〇〇六年）がある。

（29）原宏之「ポストバブル文化論」、岩崎稔／上野千鶴子／北田暁大／小森陽一／成田龍一編著『戦後日本スタディーズ――「80・90」年代』第三巻所収、紀伊國屋書店、二〇〇八年、二五四ページ

（30）たとえば、吉川洋の著書『高度成長――日本を変えた6000日』（〔中公文庫〕、中央公論新社、二〇一二年）は、経済学にとどまらず、社会全体の描写を試みている点で、すぐれて社会学的だと言えるだろう。

（31）前掲『失われた〈20年〉』、前掲『日本の「失われた20年」』

（32）前掲『失われた30年』

（33）鈴木智之／西田善行編著『失われざる十年の記憶――一九九〇年代の社会学』青弓社、二〇一二年

第2章　歴史としての「平成」

1 「平成」と「歴史」

歴史を語ること

本章で述べることもまた、前章に引き続きとても単純だ。それは、「平成史」という呼び方が定着しない、あるいは「平成」という元号では時代を認識できないといった、感性の問題にほかならない。言い換えれば、「平成」という時代を示すことばと歴史意識、人々の感性の関係性を問う作業である。「昭和」や「明治」や「大正」は時代を示し、そして歴史意識を醸造する大きな要素になっているのに対して、他方、既に四半世紀が過ぎた「平成」にはその力がないのではないかと、ただそれだけを述べる。日本語圏での歴史を語る場合、明治維新＝一八六八年、戦後の始まり＝一九四五年という二つの大きな分岐をメルクマールにしてしまえば、話はかなり簡単になる。「明治」の始まり、および「戦後」と同じ意味を持つ「昭和」の両方を目印に出来事を並べてしまえば、何となく歴史を語った気分に浸れるし、「歴史社会学」を標榜する営みが陥りかねない罠がそこにある。[1]資料を集める労力はそれなりに必要になるものの、二つの大きな出発点に依存して歴史を語ろうと思えばできてしまう、そんな立場に寄りかかるまいともがく点に、本書は存在意義を見いだしている。前章が経済学そのものの試論ではなく、経済にまつわることばの運動を見つめる試みだったとすれば、本章もまた、歴史学そのものを論じる意図は全くなく、歴史について語られたことを見つめようとする。それこそが社会学や現代社会論たらんとする場合のルールだし、おこがましいが、誠実さだと信じている。

序章で既に述べたように、この認識は、いまがまさしく「平成」だからではないか、と反論される。「平成」の渦中にあるからこそ、その記号をもとにした歴史感覚がなくても無理はないし、むしろそれが当然なのではないか、と反駁される。「平成」が終わって時間がたてば、「平成時代」とか「平成のころは」といった振り返りのことばがごく普通に使われるのではないか、とも論難される。もちろん、そんな未来の話は誰にもわからない。けれども、昭和三十年に出版された『昭和史』という一冊の岩波新書が、歴史学者だけでなく文学者をも巻き込んだ広い範囲の論争に発展したのに対して、平成二十四年に慌ただしく出版され、二年を経ずに増補新版が出版される小熊英二編著『平成史』（［河出ブックス］、河出書房新社）がそのような遡及力を持たなかったことだけは確かだ。

とても身近なレベルで言って、いまこのときが平成何年なのか、日本語圏に生きるほとんどの人はすぐに答えられない。その理由を本章では記してみたい。そんな作業にどれほどの意味があるのだろうかと思われたとしたら、まさしくその感覚が「平成」における歴史意識を表している。現在このときを、大きな歴史の流れのなかでどのように位置づけるかをめぐる感覚を歴史意識と呼ぶとすれば、それが希薄になっている時代こそ、まさしく「平成」なのではないか。

「平成」の始まり

「平成」が始まった一九八九年には、ドイツでベルリンの壁が崩壊し、ルーマニアではニコラエ・チャウシェスク政権が倒され、中国では天安門事件が起きた。そして何より、マルタ島でのアメリカのジョージ・H・W・ブッシュ大統領とソ連のミハイル・ゴルバチョフ議長の会談によって、冷戦が終わりを告げた。世界が東側と西側の二つに分かれていた時代から、大きく歴史が動く――そんな歴史意識を地球上の多くの人たちが肌で感じていたのではないか。日本でも、もちろん昭和天皇をはじめ、美空ひばりや手塚治虫、松田優作といった「昭和」を色濃く感じさせる有名人が相次いでこの世を去った。新しい時代としての「平成」は、新しさと初々しさとみずみずしさを伴って受け止められていたはずだし、実際に序章で見たとおり、新聞各紙の世論調査ではそうした数字が躍っていた。が、いまにいたるまで、「平成初年代」や「平成十年代」といった表現で時代を区分することはないし、さまざまな出来事を「平成〇年」の記憶として思い出すこともない。それほどまでに「平成」と歴史は隔たっている。そんな時空間こそが「平成的」なのではないか。前章の冒頭では、完璧に確かなものだとは言えないにもかかわらず、漠然と印象にとどまっているそんなユーレイのような空気のことを「平成的」と呼んだが、「平成」と歴史の関係性もまた、そのような曖昧な性格を見せてくれる。

なぜか。

結論から言えば、歴史意識が希薄になっているにもかかわらず、そして同時に希薄になっているからこそ、歴史が過剰に語られるのが、「平成」という元号の下で営まれる時間にほかならない。本章では、この仕組みを説き明かすために「平成が過去の歴史を語る時代だった」様子を示し、その後、「平成史」に代表される「平成」それ自体の歴史の物語が成立しない理由を述べる。そこには、過去を過去としてしか語らない「反省」＝戦争を「忘れない」と誓う無垢を装った思考停止が横たわっている。

詳しい説明の前に、手始めに「平成○年代」ということばや感覚が成立していない状況を見ていこう。「平成」を歴史として捉える営み、つまり「平成」の歴史化が定着していないありさまを、まずは確かめてみたい。

2 「元号」と「西暦」の補完関係の消失

「元号」か「西暦」か

いまが平成何年なのか、すぐにはわからない。その理由は、素朴に言ってその面倒くささにある。平成元年が一九八九年であったために、西暦から「平成」を逆算するにはわざわざ一九八八を引かなければないからだ。翻って昭和と西暦は一九二五年の差と考えるよりは、単純に五年おきに、それぞれの十年区切りが訪れる点が重要だ。たとえば「昭和三十年代」の五年後には「一九六〇年代」が到来する。この五年おきの関係は単なる偶然とはいえ、歴史意識の醸成において決して無視できない。五年ごとに「昭和」と「西暦」をそれぞれ意識するときが到来する。そうした単純な繰り返しが歴史意識にとっては大切なのだ。

その証拠のひとつとして、総理大臣の年頭記者会見でどれくらい「昭和〇年代」や「西暦〇年代」が使われてきたのか見てみよう。

年頭のことばで「年代」に初めて言及したのは、昭和三十五年＝一九六〇年の岸信介だ。岸はこう述べる。「一九六〇年代の出発点にあたり、格別に意義深いものを感ずる。一九五〇年代は、いわば人類の新文明のれい明期であり、また人類の発展に対し不安と緊張をはらんだ厳しい試練の時代であったと言える。一九六〇年代こそは、人類の英知を集めて、新文明を開花発展させる年代にしなければならない[2]」と。「戦後〇年」ないしは「戦争が終わって〇年」といった過去と現在の関係に重点が置かれた復興期が過ぎ、この先十年間という、未来を見通す視点がゆるやかながら生まれつつある。その様子が岸のことばから感じ取れる。

さらにこの十年後、昭和四十五年の佐藤栄作は岸よりも強く未来を意識している。

七〇年代の最初の年にあたっての日本の進路、方向づけを選挙が決めた。安保が七〇年の問題といわれてきたが、私としては選挙が終わったことで、もう論争はないと思う。領土問題も、あとは北方領土問題だけだ。一、これからの日本は、平和に徹しながら国力相応に国際的義務を果たす方向に進まなければならない。（略）七〇年と七〇年代を区別して考えてほしい。（略）これは日本側にもいろいろ問題はあるが、やはり中国側の問題がある。（略）七〇年代に全部解決はすまいが、かといって火を吹く状態でないことは確かだ。[3]

佐藤のことばの裏には、昭和四十四年末におこなわれた衆議院選挙が新聞紙上で「七〇年代の展望を問うもの」として取り沙汰された、その記憶がある。佐藤にとって「七〇年代」の日本とは、「平和に徹しながら国力相応に国際的義務を果たす方向に進まなければならない」時期であり、だからこそ、この十年間をかけて中国問題を解決に導いていこうと試みている。事実、この試みはその二年後の国交正常化、さらにその六年後の友好条約締結に結実し、両国関係は良好の一途をたどった。

次の十年刻みの最初の年、すなわち昭和五十五年＝一九八〇年にあたって、時の首相・大平正芳は、八〇年代を「二十一世紀へ向けて人類が生き延びることができるかどうかの準備期間」[4]と位置づける。もはや大平にとって重要なのは「八〇年代」だけではない。「二十一世紀へ向けて人類が生き延びることができるかどうか」を考えるほど、時間の射程はより長く伸びている。

岸信介に見られた未来への視線は、佐藤栄作によって具体的な日中関係を解決するための期間として位置づけられ、大平正芳がそれをさらに広汎な視野へと発展させた。三者はいずれも、「人類」や「国際」といった、「日本」国内だけの文脈にとどまらない枠組みでの展望を示している。

ここで一つの疑問が浮かぶ。なぜ、日本国の首相によって「年代」を持ち出されるのは、「昭和」ではなく「西暦」と結び付いたときだけなのだろうか。

序章で見たように、大澤真幸は「自分が日本人であるということはもちろんわかっていても、そのことに特別な意味を見出せなくなっているときに、一九××年代という表現になるわけですね[5]」と述べている。

岸信介や佐藤栄作、大平正芳は、「自分が日本人であるということはもちろんわかっていて」、しかもそのことに特別な意味を見いだしている筆頭に挙げられる人物＝総理大臣にほかならない。その彼らがなぜ「一九××年代という表現」を用いるのだろうか。さらには、「人類」や「国際的義務」といった、「自分が日本人であるということ」の範囲を超えたことばをちりばめるのだろうか。

実は、この疑問のうちに答えが含まれている。日本国の首相という「日本人であるということ」に「特別な意味を見出」している人物であるがゆえに、「昭和」ではなく、「西暦」と「年代」を結び付けるのだ。「人類」や「国際的義務」、「二十一世紀に向けて人類が生き永らえるかどうか」を考える際に、日本人だからこそ、あえて「昭和」を回避し、「西暦」の年代、つまり「一九××年代という表現」を口にしてしまう。日本の固有性を避けて国際的な人類普遍の観点に立つがゆえに、「西暦」を使ってしまう。さらには、その表現に誰も違和感を覚えない。未来を見据える視線では、「昭和」という土着的な時間の区切りはごく自然に避けられてしまうのである。

逆の方向からこの事態を捉えれば、「昭和」でも、五年おきに何らかの区切りをつけるのが自然だった。さらに、この五年刻みに加えて、戦争の終わり、つまり「戦後」の始まりは昭和二十年と

図9
（出典：「世界」1975年８月号、岩波書店）

いう五の倍数だった。そして、一九四五年＝昭和二十年八月十五日よりも前、つまり「戦前」はすべて否定されるべき対象であり、切り捨てなければならなかった。内容だけでなく語り口でも「戦前」を否認してから「戦後」を始め、「昭和」を振り返る場合には、日本的な文脈で戦争の記憶と結び付く形で「戦後」が語られた。他方、「西暦一九××年代」を使う場合、特に知識層にとって、それは「六〇年安保」を参照点にした、「世界の中での日本」という威丈高な視線[6]からの語りだった。「昭和」という土着の表現を脱し、西暦を使うのが、進歩的な所作の証しだと信じられていた。そのため、元号への怒りを表明していた日大全共闘の議長・秋田明大が誕生日を聞かれ、「昭和二十二年一月二日」と答えたエピソードが、嘲笑を伴って流通していた[7]。

　象徴的なのは、「敗戦三十年記念号――軍縮への道」と副題がついた雑誌「世界」（岩波書店）の昭和五十年（一九七五年）八月号だろう。ページをめくると、文学者の桑原武夫による「元号について」と題した講演会が採録されている。「たとえば昭和八十年の一月の元旦に天皇がおなくなりになるとする。あと三十年ですから不敬にはならないと思います（笑）」といったダラダラした話に続いて、「民族の誇りということを考えるのなら、世界唯一の元号を守ろうなどというより、世

界中に通用するところで勝負したほうがよい」と元号の廃止を訴えている。(8)

桑原武夫は「西暦」は「世界中に通用する」と言う。けれども、この「世界中」が指し示す範囲や含意は、昭和三十年代と一九七〇年代ではかなり異なる。あるいは、岸信介が頭に思い描いていた「人類」と、大平正芳が想定していた「人類」もまた違う。にもかかわらず、「西暦」を使った表現が、あたかも「人類」や「国際的義務」にふさわしいものであるかのような誤解が蔓延していた。それどころか、普遍的だと信じられていた。

「昭和」＝「戦後」

昭和二十年という区切りを出発点として、終戦＝敗戦を「昭和」とともに振り返る場合、それは戦争の忌まわしい記憶と直結する「戦後」と同義語であり、いかに自分たちが戦争から時間を積み重ねたかを強く意識させる表象にほかならなかった。この「戦後」は、八月十五日を筆頭に、八月六日や九日、三月十日といった、惨禍に見舞われた被害者意識を確認する地点で強く打ち出されこそすれ、年頭の、明るい展望を総理大臣が誇らしげに披瀝する場にあっては、敬して遠ざけられる符牒にすぎなかった。

もし、「昭和〇年代」と「西暦××年代」が五年おきに交互に訪れなかったとすれば、事態はかなり異なっていたのではないか。実際、既に指摘したとおり、「平成」以降の「年代」意識の希薄さは「昭和」と比べたときに顕著だ。いわゆるお役所ことばでも、「平成十年代」や「平成二十年代」という言い回しはほとんど使われない。民主党政権が打ち出した「脱原発」は「二〇三〇年代」をメドにしていたし、そもそも内閣総理大臣の年頭のことばからも、「年代」の見通しは消えた。「西暦」と「年代」の結合さえ、もはや「平成」ではほとんど目にしない。もちろん「昭和」のような五年おきの意識化も見られない。さらには、「戦後」という時間の積み上げを強く意識させる区分も、存在が薄れている。これらの要素が相まって、「平成」における「年代」は、少なくとも「昭和」におけるそれよりも薄まっているのである。他方で、「平成」は実は歴史を語り続けてきた時代でもあった。その歴史意識を次に逆の側から見よう。

3 「平成」における「歴史」

歴史の語られ方

本書には、「平成」における「歴史」をめぐる諸問題それぞれについて詳述する紙幅もないし、また、その能力も資格もない。ただ、「平成」を歴史として記録しようとする営みの不成立と好対照をなすように、「平成」では「歴史」が過剰なほどに取り沙汰された——その一点を指摘しておけば事足りる。この事態を「歴史の過剰」と呼ぼう。

明治までの歴史を描いた司馬遼太郎が、いつの間にか「国民作家」として賛同者からも批判者からも留保なく認められたのはまさしく「平成」以降だし、あるいは、網野善彦の『日本社会の歴史』(上・中・下〔岩波新書〕、岩波書店、一九九七年)がベストセラーリストに名を連ねたのも、司馬の逝去と時期をほぼ同じくしていた。司馬が「明るい明治」と「暗い昭和」を対比させたのは有名であり、その認識の象徴的な作品が『坂の上の雲』であることもよく知られている。この対比の根拠となった統帥権をめぐる考察は、平成四年（一九九二年）から翌年にかけて雑誌「文藝春秋」の連載「この国のかたち」（一九八六―九六年）で展開されている。ここでは司馬をめぐる膨大な議論に立ち入る資格も余裕もない。けれども、司馬の歴史観が「司馬史観」と呼ばれ、批判の的となるほど大きな力を持つにいたるのもまた、「平成」の世の中での出来事だった点に留意しておきたい。あるいは、司馬が主たる活躍の舞台とした「文藝春秋」や「産経新聞」が中心となって、「新しい歴史教科書」を作る動きが活発化したのも、「平成」における「歴史の過剰」の最たるものである点に着目しておきたい。

司馬にせよ網野にせよ、彼らの議論を支持するか批判するかにかかわらず多くの人が関心を持ち、非常に重要な対象であるかのように議論された。こうした議論が重要ではないなどと主張するつもりはない。そうではなく、歴史をめぐることばへの関心の高まりが、「平成」という歴史意識が薄くなっている時代に見られるありさまが興味深いのである。

その理由は何なのだろうか。

「戦後」の歴史化

試みに「戦後」に言及する文献の数を、国会図書館と「朝日新聞」を例に見てみよう。

「戦後」を冠した文献は、「戦後五十年」が盛んに喧伝された平成七年＝一九九五年がピークにな

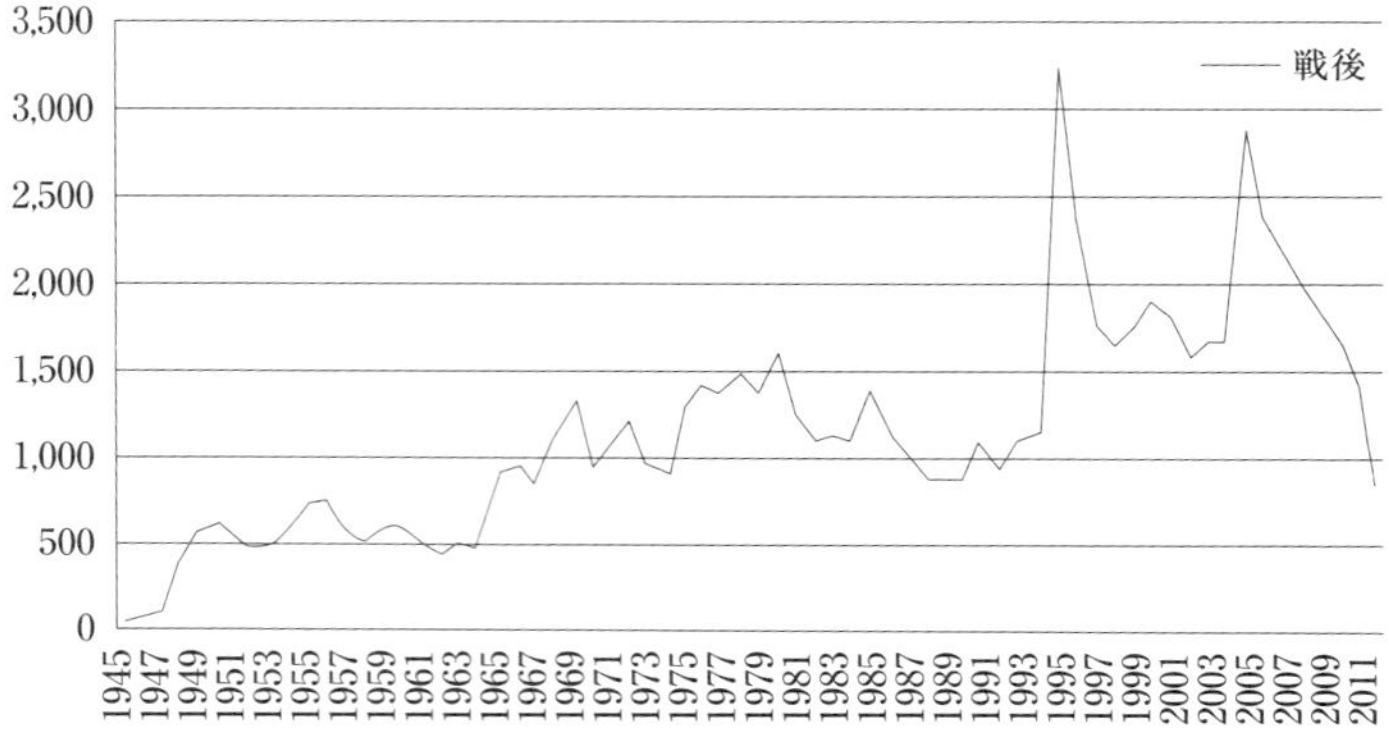

図10　「戦後」の国立国会図書館サーチ該当数

っていて次に、「戦後六十年」の平成十七年＝二〇〇五年が位置している（図10）。きわめて最近の流行現象なのだ。むろん、それまでも年間五百件から千五百件の間で推移していて、決して少ないわけではない。けれども、いわば「戦後回顧ブーム」とでも言うべき現象は、一九九五年以降に突如として盛り上がったものだ。こうした傾向は、新聞の見出しに出現する「戦後」の移り変わりを見ると、いっそう顕著になる。「戦後」をめぐることばは、「平成」以降に急速に増加し、近年こそ退潮傾向にあるものの、依然として高い水準を保っている（図11）。「戦後」の歴史化、あるいは「戦後」という歴史への注視は、「昭和」が終わったそのときよりも、「平成」にいたって顕在化しているのである。

図10・11は、「戦後」が該当する数を単純に積み上げたものなので、そのすべてが「戦後五十年」に該当すると断言する根拠はないが、少なくとも一九九五年＝戦後五十年がそのピークだった様子は確認できるだろう。[9]

有名人の逝去に際して語られる「戦後の終わり」も、何

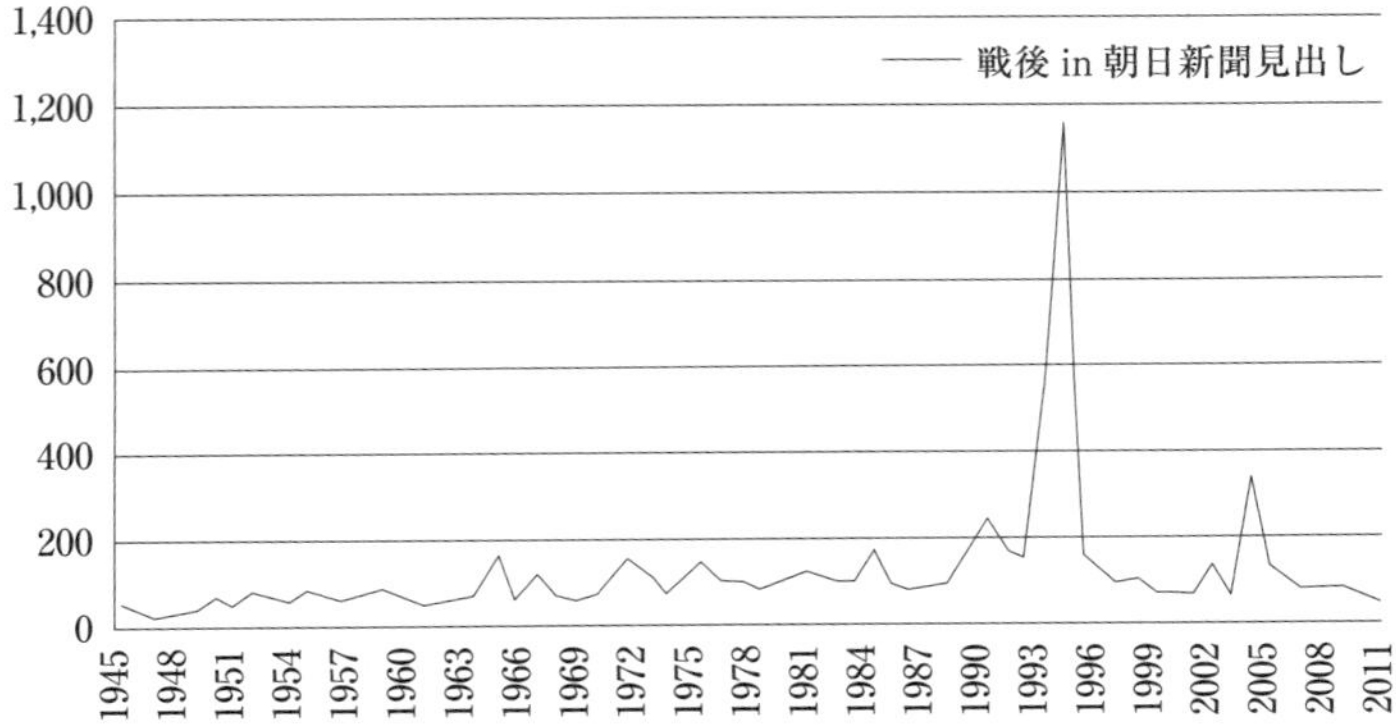

図11　「戦後」を含む「朝日新聞」見出し該当数

らかの実態や実情を反映しているのではなく、前記のグラフに象徴されるように、「戦後」をもはや歴史として過去の遺物にしたいという欲望のあらわれではないか。「戦後」は、「戦前」の歴史の語りをすべて否定して切り捨て、昭和二十年＝一九四五年八月十五日を歴史の新たな始まりと捉えてきた。もはやその「戦後」をも歴史遺産目録に収めてしまおうとする欲望が、一九九五年＝戦後五十年に爆発したのではないか。

歴史の過剰

「平成」以降には、歴史に関することばが過剰に交わされた。これは、次節で見る「平成史」として同時代が歴史化できないありさまとは、正反対の歴史の過剰だ。この歴史の過剰は、決算に向けた欲動に基づいているのではないか。遠藤知巳が指摘するように、ＮＨＫの朝の連続テレビ小説、通称「朝ドラ」が「戦前」を描かなくなるのも、まさにこの傾向の象徴だ。「「もう冷戦も昭和も終わったということで」といわんばかりのこの変わり身の早さには笑ってしまうが、「みんな」が一斉に「戦前」を捨てた[10]のである。

あるいは、北田暁大が述べるように、「《現在》において「過去を語る」という行為の持つ社会的意味[11]」への強迫的とも言える関心の高まりは、記憶の政治学の隆盛に結実した。「忘れてはならない」として「過去を語る」振る舞いが称揚される背景には、「忘れられている」ないしは「記憶が薄れている」といった後ろめたさがある。過去を記録する営みが積み重ねられ、日常的に戦争や戦後体験が語られていた時代には、わざわざ「忘れない」と言い立てる必要は全くない。ことさらに言い募らなければならないほど、過去は、戦争は、戦後は、歴史になったのである。

この「歴史の過剰」により、天皇への責任追及の声も沙汰やみになる。「昭和」では、一億総懺悔や無責任の体系といった、責任の全否定と全肯定の両極に振れる極端な傾向はあったものの、それでもまだ、虚焦点としての天皇は責任の宛先である可能性を保持していた。しかし、昭和天皇がこの世にいなくなった以上、もはやいずれの立場も宙吊りにされてしまう。日本人全体の戦争責任を隠してしまうブラックボックスだった天皇が姿を消すと、問題は拡散と矮小化の一途をたどるほかない。その典型例が、従軍慰安婦であり、南京大虐殺であり、歴史教科書問題ではなかったか。言うまでもなく、本書は歴史学を目指してはいないし、いずれの「問題」について何らかの立場を示すつもりもなく、それこそが社会学や現代社会論としての誠実さだとする位置に立っている。

かつては、独走したとされる「軍部」の加害性を告発するわけでもなく、被害者としての「民衆」の苦しみを叫ぶわけでもなく、被害と加害の両面をないまぜにしながら、天皇の責任さえ問わない形で「反省」を繰り返していた。いまでは、その身振りさえも消えている。戦争中の「欲しがりません、勝つまでは」が、司馬遼太郎が言う「暗い昭和」の代表的な標語だとすれば、戦後の「過ちは繰り返しませぬから」は、その単純な裏返しにすぎない。戦中における戦争が絶対的な善であったのに対して、戦後における戦争は絶対的な悪へとキレイに裏返り、思考を停止した。「過ちを繰り返さない」ことを誓う善良な市民がこぞって支持する歴史書、戸部良一／寺本義也／鎌田伸一／杉之尾孝生／村井友秀／野中郁次郎『失敗の本質――日本軍の組織論的研究』（ダイヤモンド社、一九八四年）では、「戦力の逐次投入」が「失敗の本質」だったと指摘される。この概念を最初に広めたのはほかならぬ司馬遼太郎であり、そこには司馬個人の肉体的かつ経験的な恨みが込められていた。彼はこの恨みを、日露戦争の勝利を青春小説の形をとってすがすがしく描くことによって昇華した。司馬の小説に挿入される彼の歴史観は、愛読者にとって絶好の読みどころであり、彼を嫌う立場からは小説を逸脱した余計な押し付けに映る。ただ、司馬を支持するにせよ批判するにせよ、そこには戦争を「忘れない」と誓う無垢を装った思考停止＝「反省」が横たわる。彼らは、平和こそが最善にして唯一の価値だと信じて疑わなかったし、あるいは、疑う前に考えることさえやめた。だから、自分たちの戦争への関わりは、もはや責任を負う、あるいは追及するといった面倒な形ではなく、体験談や書物のなかに閉じ込められる遺物以外の何ものでもない。

そのように他人事として歴史を語る、しかもフラットに語るからこそ、時折、「《現在》において「過去を語る」という行為の持つ社会的意味」が儀礼的に、あたかも義理でもあるかのように思えるのだ。「反省」はより狡猾な姿に変容し、「歴史の過剰」が浮かび上がる。「歴史」は、自分たちの立場を形の上でだけ「反省」できる程度に離れた対象となり、そのため、同時代の「平成」それ自身を「歴史」として整理できなくなる。

次にその様子、つまり「平成」それ自身の「歴史」＝「平成史」が成り立たないありさまを確かめておこう。

4 「平成史」は可能か

「平成」は歴史になっているか

本章では、「平成○年代」という記述がほとんど見られない点をもって、「平成」における「年代」は少なくとも「昭和」におけるそれよりも薄まっていると述べた。また、同時代である「平成」そのものを「歴史」として整理できないとも述べた。

元号によって同時代を認識しない以上、元号によって歴史を記す営みもまた、衰退しているのだろうか。いま現在が「平成何年」なのかという問いに即座に答えられず、さらには西暦による十年区切りの線分への慣れ親しみもどこかへ消えてしまっている。この感覚は元号と歴史の結び付きが薄れた証左であり、だから「平成史」は成り立たないのである。

試みに国立国会図書館蔵書検索・申込システムＮＤＬ－ＯＰＡＣを利用して、タイトルに「平成史」を含む図書を調べてみると、わずか十九件にとどまる。同様の検索を他の時代についてもおこなってみよう。印象が薄いとされ、また実際十五年しかなかった「大正史」は七十二件、「明治史」

は二百三十二件、「戦後史」は七百十二件、さらに、「昭和史」は千六百十八件にのぼる（二〇一四年三月二十八日最終アクセス）。もちろん、いまが「平成」の渦中にあるため、歴史化されていないとしても、「平成史」の少なさは顕著だ（同名著作の重複などがあるため、厳密な数値ではなく、あくまでもイメージとしての少なさを示すための数字である点をご留意いただきたい）。

二〇一一年末から一二年にかけてテレビ東京で放送された『ジョージ・ポットマンの平成史』は「平成史」を標榜し、「平成時代」という表現を意識的に多用する。[12] イギリス・ヨークシャー州立大学歴史学部教授ジョージ・ポットマンの研究をもとに、一〇年秋にイギリスＣＢＢテレビで放送された「Mysterious Japan in Heisei Era」を発展させたのがこの番組だ。と書いたが、もちろん、大学名も教授も元の番組も架空だ。他方で、番組内でのＶＴＲやさまざまな統計は多くのリサーチャーの献身的な調査に基づいた事実である。その意図はどこにあるのだろうか。番組の書籍版の冒頭付近にはこう記されている。

図12
（出典：ジョージ・ポットマン『ジョージ・ポットマンの平成史』大和書房、2013年）

一九八九年一月七日は昭和最後の日。翌日の一月八日から平成時代が始まります。しかし、この一九八九年一月七日の朝刊が示す日本像は、我々欧米人はもちろん、日本人が思い描く現在の、つまり平成時代の日本像とは、あまりにすべてが違います。

そう、つまり日本における平成時代とは、既に歴史としてそれまでの日本とは明らかに異なる社会・文明に突入しているということ。これこそが、私が平成時代の歴史、つまり「平成史」の研究を始めようと思った理由なのです。（略）人間の生活や意識に密接にかかわる分野、つまりセックス、子どもたちの遊戯、人間関係、仕事、サブカルチャーなどに関して、平成時代の日本における変質と特殊性を分析するという視点で研究した事例はあまりありませんでした。[13]

だから、この番組は「ファミコン」や「人妻」から「路チュー」にいたるまで、さまざまなテーマを扱うのである。風俗や流行から時代の変容を探る試みだからこそ、「平成時代の日本は、幼少期にファミコンで遊んだ「ファミコンジェネレーション」が、社会を動かす中心になっている」[14]、あるいは、「世界でも高く評価される美しくも儚い「精神の帝国」を築き上げた平成時代の日本人男子たちは、いったいどこへ向かおうとしているのでしょうか」[15]といった文章が並ぶのである。

「平成時代」という表現はもちろん、「明治時代」や「江戸時代」といった、既に歴史化された過去と同じ区分として「平成」を扱っている証左だ。既に終わった後から時代を振り返っているかのようだ。その手法は、平凡な論文をはるかに凌駕する質を保っている。しかし、同書の奥付で番組の「ごく一部の設定はフィクションです」と断っているとおり、あくまでも「フィクション」として「平成時代」を見つめている、その視線を忘れるわけにはいかない。「平成時代」や「平成史」

という区分は、「現代」や「いま」、あるいは「最近」とほぼ同義であって、「平成的」なるものを発見しようとはしていない。「平成」における特徴を抽出するのではなく、単純に記号として「平成」を捉えている。その様子がまさしく「平成的」だと、本書の視点から捉え返したい。

「人妻のぬくもりに甘えるどころか、今度は自分の妻さえ誰かにさしだそうとしている平成時代の日本人男性たち[16]」という言い回しからは、確かに「衰弱」や「退潮」といったイメージが浮かんでくるが、ポットマンはそこに価値判断を挟まないばかりか、時代精神を読み取ろうともしない。個別の事柄が見せる現代の傾向を指し示す際の記号として、「平成時代」を使っているにすぎないのだ。同じ時代だからこそ見いだせる共通の要素がなく、並び立ってしまう。この書き方も、まことに「平成的」ではないか。

こうした「平成的」な叙述は、テレビのバラエティー番組にかぎらない。

先ごろ文庫化された『読むだけですっきりわかる平成史』の著者・後藤武士は、「元号が平成になった時、ぼくは平成の語り部になれるよう意識して生きることを決意しました[17]」と振り返り、著者略歴の欄に「教育評論家、専業作家（非文芸系）、エッセイスト、そして、平成を研究して二十五年の平成研究家に」と記す。連載時の肩書は「新進気鋭の教育評論家、著述家として国語から政治、歴史まで幅広く執筆中」とあった後藤に、「平成研究家」を名乗らせてしまう点こそ、いかにも「平成的」ではないか。後藤は同書の意図を次のように明らかにする

永遠に続くのではないかと思われるほど長かった昭和、しかし、昭和六十三（一九八八）年

秋に昭和天皇の容体が悪化、毎日のご容体を告げるテロップがテレビでさかんに流されるにつれ、時代の終焉に対する覚悟が、不思議な現実感を伴って押し寄せてきた。（略）昭和が目に見える激動の時代ならば、平成は見えないところで日本の根幹を揺るがした静かな激動の時代と言える。ジャパン・アズ・ナンバーワンと言われ、アメリカを凌ぐのも時間の問題とまで言われていた経済大国が産業の空洞化と人口減と空前の失業率に悩む国になろうとは、年功序列と終身雇用がもろくも崩れ去ろうとは、誰も考えていなかっただろう。その静かな激動の時代、平成の今日までをこれからご一緒に旅してみたい[18]。

そして、「静かな激動の時代」というコンセプトに合わせるかのように、一年ごとに区切った年表が毎号掲載され、そこではただ出来事を羅列する平板な記述が繰り返される[19]。

極め付きは平成二十三年の記述だ。「前編は普通なら上半期を扱うところだが、あえてこの国のすべてを変えてしまった震災の前と後で区切る。一〜二月の出来事は、今や同じ年とは思えないのだ[20]」と、東日本大震災を境に同年を前・後篇に分けている。そのうえで、津波、原発事故をめぐる政府や東京電力の対応を罵倒し、最後は野田佳彦内閣が目指す増税について、「歴史上、不景気での増税はうまくいった例《ためし》がないことを書き添えて、この国家大難の年を締めくくろう[21]」と結ぶ。そこには「平成史」を総括する視線は見えない。目についた出来事や新聞・雑誌で話題になった事柄をただ並べているだけだ。

だからといって、後藤武士を詰問したいわけではない。「平成史」が、一方では『ジョージ・ポットマンの平成史』のようなコメディーになり、他方では後藤のようなカレンダーになる。別々の形式をとりながらも、いずれも事実や現象の並列に収まっている。その結果としての共通性に着目したいのだ。

「平成史」を掲げた本としては他にも、宗教学者の島田裕巳やマーケティング・アナリストの三浦展ら八人の論客がそれぞれの専門分野での「平成」を語った、島田裕巳／坂東眞理子／和田秀樹／三浦展／森達也／武田邦彦／小幡績／有馬晴海『日本一早い平成史――1989～2009』（ゴマブックス、二〇〇九年）がある。同書は出版から二年後、内容の改訂を全くおこなわないまま、書名だけを『ニッポン再建論――8人の識者からの提言』（〔廣済堂新書〕、廣済堂あかつき出版事業部、二〇一一年）と変更し、あたかも別の本であるかのように刊行されている。もちろん、同書には「平成史」をめぐる歴史意識＝大きな歴史の流れのなかで「平成」を位置づける視点は見られない。

また、「平成史」を冠した著作で国立国会図書館に収蔵されているものでは、前掲の小熊英二編著『平成史』、平凡社編『昭和・平成史年表』（平凡社、一九九七年）、中村政則／森武麿編『年表昭和・平成史――1926―2011』（〔岩波ブックレット〕、岩波書店、二〇一二年）、そして『温故知新――クレジットの平成史』（日本クレジット産業協会、二〇〇三年）などわずか十九点しかない。「昭和・平成史」を冠した二冊は、きまじめな「年表」を目指している。そして、「クレジット」という、いかにも「平成的」なフラットな雰囲気をまとった業界が記録用に出版した書籍にも「平成史」が使われている。この事実はいかにも示唆的だ。本来なら歴史として捉えられる＝歴史化できるほどの時間の積み重ねを持っていない業界だからこそ、あえて「平成史」を冠して「温故知新」を掲げる。この倒錯した感覚が、いかにも「平成的」ではないだろうか。

では、小熊英二が編んだ『平成史』とはどのような試みなのだろうか。

小熊英二は、同書冒頭で「「代表が成立しない」という状況を生んでいる、社会構造と社会意識の変遷史として描くしか、「平成史」の記述はありえない[22]」とする。そして、「「平成史」を一言で表現するなら、（略）『平成』とは、一九七五年前後に確立した日本型工業社会が機能不全になるなかで、状況認識と価値観の転換を生み、問題の「先延ばし」のために補助金と努力を費やしてきた時代」だと述べる。だから、「震災と原発事故によって、多くの人びとが日本型工業社会の限界を意識し始めたいまこそ、「平成史」を見直すことがもとめられている」のだという[23]。「代表が成立しない」と啖呵を切っておきながら、代表例として「震災と原発事故」を持ち出すのはご愛嬌としても、小熊自身のナショナリズムをめぐる議論を含め、同書では、確かに「社会構造の変遷史」が、カレンダー的にさまざまなグラフや数値の羅列によって示されている。だが、「社会意識の変遷史」についてはほとんど記述が見当たらない。

さらに、「平成史」と銘打っているにもかかわらず、編著者の小熊自身を含めたすべての執筆者が、「西暦」や「一九九〇年代」といった表記に依拠している。同書で「平成」を形あるものとして捉えているのは、「地方と中央」を扱った中沢秀雄と「社会保障」の仁平典宏の二人だけだ。その理由は、いずれも制度の上で「昭和」と「平成」を隔てる線分をはっきりと引ける対象について記述しているからだ。たとえば、「一九九〇年代以降」と「二〇〇〇年代に入ってから」の学校教育の変化を観察する貴戸理恵（「教育」）。「「価格破壊」ということばが流行語となったのは一九九四年から九五年にかけて、まさに平成に入ってから」[24]という濱野智史。いずれも、どのように時代を区分するかは扱うテーマに左右されていて、「昭和」と「平成」は、「戦前」と「戦後」のようにキレイに分けられない。

その理由は、確かに「平成」が同時代だからだとも言えるだろう。歴史化できていないからこそ、主題によって「平成史」が成立しない場合があるのだ、と弁護できるだろう。それでも、同書が当初「経済」の項目を設けずに、増補新版で追加した点が、いかにも「平成的」だと指摘しなければならない。

本書の前章で見たとおり、「平成不況」「バブル崩壊後」「失われた十年」と区切られる、その呼び方が一定しないこの「平成」を書くにあたって、なぜ「経済」の項目を作らなかったのか。

小熊自身を筆頭に、すべての項目で経済不況が分析の出発点にあるからだ。「景気が悪いから」のひと言で、すべてが片付けられてしまうかのような雰囲気。これこそ、前章で述べた「ことばの不況」であり、『平成史』を記述しようと試みた論者たちが引きずられてしまった落とし穴にほかならない。だからこそ、小熊は刊行からわずか一年足らずで「経済」と「外国人」という二つの項目を追加して、慌ただしく「増補新版」を刊行したのではないか。「経済」は、下部構造として共有されているからこそあえて項目として立てなかったのではなく、「すでに論じられているもの」だったのではないか。この無意識をわざわざさらけだす振る舞いは、誠実といえば誠実と言えるかもしれないが、増補の結果、同書は六百ページ近くに膨らんだ

その膨らみもまた、いかにも「平成的」ではないか。

日本近代に関するクロノロジカルな分厚い著作をいくつも著してきた小熊が、現在進行形の「平成」についての歴史記述に引き付けられてしまい、そして、たった一年半の間隔をおかずに増補せずにはいられなかったありさまが、いかにも「平成的」ではないか。

つまり、『ジョージ・ポットマンの平成史』と同じように、まだ終わっていないにもかかわらず、あたかも「事後」の視点から歴史を語ってしまうこと。そして、そのクロノロジーを試みると、ただただページ数が費やされるばかりで、決定的なことばが紡ぎ出されず、いわばネットの「まとめサイト」のように、ひたすら事実が積み上げられていくこと。この二点が、いかにも「平成的」ではないか。

こうした「平成史」の不成立は、鹿島茂による山口昌男『「挫折」の昭和史』の書評からもうかがえる。

ひとことでいえば、山口昌男の頭の中では、東条〔英機：引用者注〕から今日まで綿々とつながる「現実の昭和史」に対して、石原莞爾を結節点とする「ありえたかもしれない昭和史」を拮抗させ、その対決の中から、まず自らが先兵となって、今度こそ挫折しない「ありうべき平成史」を作り出すという見取り図が描かれているのである。(25)

山口は同書を次のように結ぶ。

秩序に対しても、人に対して、自然及び環境に対して開かれた状態に置いて置く精神の技術こそ、薩長中心の藩閥体制に飼いならされて来た近代の日本の人々の最も不得意な、あるいは全く欠如していたものと言える。（略）日本近代で一度政治的に敗北したか、あるいは近代の隊列から横へ足を踏み出した人物たちの中に、日本人の生き方のもう一つの可能性を探り出せる鍵が秘められているのではないか。[26]

これが山口の目的だった。しかし鹿島や山口の思いとは裏腹に、「平成史」は「ありうべき」か「ありえたかもしれない」と問うよりも前に、既に屹立できなくなっている。「現実の昭和史」、つまり「「成功」の昭和史」が正史としてそびえ立っているからこそ「「挫折」の昭和史」が「ありえたかもしれない」。ところが「平成」は、「平成史」という正史が叙述される様子がない。少なくとも「平成史」は馴染みがなく、コメディーかカレンダーのような事実の羅列でしかありえない。「西暦」の「年代」表記（西暦〇年代）による時代区分の前に、「元号」は吹き飛んでいる。「平成史」と銘打てば、事象の羅列にとどまるほかない。

だとすれば「ありうべき平成史」を作り出そうと試みるよりも、別の方法を探りたい。あくまでもこの荒野、つまり正史なき時代こそ「平成史」だと捉えるのだ。さらに言えば、このように強弁する欲望自体が「平成的」ではないか。ここに「平成」の歴史意識がある。

だからこの時代の歴史叙述にあたっては、北田暁大の次のことばを戒めとしなければならない。

《現在》の分析者の位置、歴史表象への反省を突き詰めていくなかで、ポストモダン歴史学は、過去を再現するというプロジェクトそのものを否定するに至り、しばしば「《現在》において『過去を語る』という行為の持つ社会的意味」を調査する知識社会学へと堕してしまう。[27]

「『過去を語る』私の政治性を問う」という「責任と正義の社会学[28]」に閉じこもってしまうことへの警句を受け止めて、自らの加害も被害もありのまま引き受ける態度こそ求められている。これは、戦争を「忘れない」と誓う無垢を装った思考停止＝「反省」などとは断じて異なる。自らのことばがあるとも言えるし、ないとも言えるような曖昧なユーレイのような宙吊りに身を任せてしまう態度――これこそが「平成的」な振る舞いではないか。本書は、このような歴史認識の変容を論難したいわけではない。そうではなく、この程度には冷静な態度を選択できるほど、成熟した「平成」の時空間をそのまま捉えてみたい。

「平成」過去の歴史が饒舌すぎるほど語られ続ける時代であるにもかかわらず、あるいは／そして、そのような時代だからこそ、「平成」そのものの歴史叙述は成立しない。したがって、「平成史」の形での歴史化＝歴史の物語はできないが、ではこの時代、ことばそのものを紡ぐ作法はどのような変容を遂げているのだろうか。つまり、ことばに対する感性が際立つ「文学」という営みは、何をしているのだろうか。次章では、「平成」の空の下で交わされていたことばそのものに着目してみたい。「平成」における歴史意識を支えることばへの感覚とは、どのようなものだったのか。その際、日本語がこれまで慣れ親しんできた作法を例に挙げてみたい。それは、元号と「文学」の結び付きだ。「昭和文学」や「明治文学」と言えば、何かを理解した気分に浸れる。その流れに棹さす「平成文学」は可能なのか。「平成文学」としてくくられる対象は、どのようなことばを紡ぎ出していたのか。それが次の課題である。

注

(1)「従来、日本の近代化は一八六八年＝「明治維新」と一九四五年＝「終戦」という二重の起源点で語られてきたが、それもはや自明ではない」(佐藤俊樹「近代を語る視線と文体――比較のなかの日本の近代化」、高坂健次／厚東洋輔編『講座社会学1　理論と方法』東京大学出版会、一九九八年、九〇ページ)、および、佐藤健二『歴史社会学の作法――戦後社会科学批判』(〔現代社会学選書〕、岩波書店、二〇〇一年)二六三ページを参照。
(2)「年頭所感　明るい国民生活を　内閣総理大臣岸信介」「朝日新聞」一九六〇年一月一日付
(3)「佐藤首相の記者会見要旨」「朝日新聞」一九七〇年一月一日付
(4)「量的拡大より質的拡大を　首相、80年代へ所信表明」「朝日新聞」一九八〇年一月一日付
(5) 前掲『戦後の思想空間』一七―一八ページ
(6)「今風」に言えば、「上から目線」ということばになるだろうか。
(7)「最長の元号「昭和」」「朝日新聞」一九七〇年七月二十九日付
(8) 桑原武夫「元号について」、前掲「世界」一九七五年八月号、一九四、一九八ページ
(9) 日本語圏における「戦後」ということばは、もちろん戊辰戦争後をはじめとして、近代における

「戦争」の「後」を表しているが、ヤン・シュミットが明らかにしているように、このことばが最も多く使われるようになるのは日露戦争の後のことである（二〇一四年一月十二日に京都大学でおこなわれた国際ワークショップ「第一次世界大戦再考——百年後の日本で考える」で明らかにされた）。
(10) 前掲「「八〇年代」の遠近法」一六五ページ
(11) 北田暁大「歴史の政治学」、吉見俊哉編『知の教科書 カルチュラル・スタディーズ』（講談社選書メチエ）所収、講談社、二〇〇一年、一九四ページ
(12) もちろん、サブカルチャーにおける比較で考えれば、一九九〇年から九一年にかけてフジテレビで放送された『カノッサの屈辱』との対比が思い浮かぶ。
(13) ジョージ・ポットマン『ジョージ・ポットマンの平成史』大和書房、二〇一二年、五—六ページ
(14) 同書一九ページ
(15) 同書二一〇ページ
(16) 同書一五二ページ
(17) 後藤武士『読むだけですっきりわかる平成史』（宝島SUGOI文庫）、宝島社、二〇一四年、一二—一三ページ
(18) 同書一二—一四ページ
(19) たとえば、文芸誌「文學界」の「平成」をめぐる特集のなかで、松尾スズキは、自分史と「平成」におけるさまざまな出来事を羅列し、「どうでもよくなったことを覚えている」あるいは「なにが問題なのかさっぱりわからず」、ないしは「なにが起きているのかさっぱりわからず」といった戸惑いのことばを並べたうえで、「なにぶん平成は過ぎたはしからすぐ腐っていく時代だったので記憶が曖昧であることを許していただきたい」と結ぶ（松尾スズキ「平成と大人計画」「文學界」二〇〇三年

二月号、文藝春秋、一九―二二ページ）。
(20) 後藤武士「読むだけですっきりわかる〝平成史〟　平成二十三年（二〇一一）前編」「宝島」二〇一二年一月号、宝島社、一五八ページ
(21) 前掲『読むだけですっきりわかる平成史』二二六ページ
(22) 小熊英二「序文」、小熊英二編著『平成史　増補新版』（河出ブックス）所収、河出書房新社、二〇一四年、六―七ページ
(23) 小熊英二「総説――「先延ばし」と「漏れ落ちた人びと」」、同書所収、八九―九〇ページ
(24) 濱野智史「情報化――日本社会は情報化の夢を見るか」、同書所収、四四二ページ
(25) 鹿島茂「「『挫折』の昭和史」山口昌男――「ありうべき平成史」への見取図」「文學界」一九九五年七月号、文藝春秋、二六四ページ
(26) 山口昌男『「挫折」の昭和史』岩波書店、一九九五年、四二〇ページ
(27) 前掲「歴史の政治学」一九四ページ
(28) 長谷正人「研究動向　分野別研究動向（文化）――「ポストモダンの社会学」から「責任と正義の社会学」へ」「社会学評論」第五十七巻第三号、日本社会学会、二〇〇六年

第3章 「文学」における「平成」

1 「平成文学」はどこにある？

「文学」を論じる社会学

本章で論じるのは、引き続きとても単純なことだ。いわゆる「平成文学」がない――その一点に尽きる。

前章で見たように、「平成」における歴史は、一方で同時代性については薄まっており、だからこそ他方で、過去への執拗な言及にあらわれる過剰な性格を持っている。ここで「過剰な性格を持っている」と断言したのは、あくまでも現在進行形の観察として記述しようと試みているからなのだが、このようにわざわざ断りたくなる欲望自体がいかにも「平成的」だ。本章では、この言い訳が「平成文学」の不成立に象徴されていると述べる。ことばそのものを扱う技法のひとつ＝「文学」と元号の結び付きの弱さを見るのであり、その意味でもとても簡単な話だ。何が「文学」なのかわからないように思われる一方で、だからこそよりいっそう「文学」へのこだわりが強まる時空間が、「平成」にほかならない。それが本章で論じることである。

もちろん、「文学」ということばそれ自体が明治期の日本語圏でつくられ、中国語圏に逆輸入された歴史をここでおさらいしたいわけではない。漢語での「文学」がいまで言う「学問」全体を指し示していたという事実は、漢和辞典を見ればすぐにわかる。ここでは、そういった確認をしたいわけではない。

それよりも、「平成文学」という表現が聞き慣れない理由を説き明かしていく。いや、聞き慣れないどころか、ほとんどないのはなぜなのかについて述べる。そのためにまず、「平成」という元号の下で「文学」と名指されるものは何なのかを見る。その後、元号と「文学」の結び付きを考えるために、「明治文学」と「昭和文学」の始まりをたどる。そして最後に、「平成文学」と名付けようとした試みの失敗を題材に、「平成」でのことばのあり方を位置づける。しかし、本章でおこなうのは個別の作品分析ではない。「文学」を論じるのはまさしく文学者の仕事であって、作品解釈や解釈それ自体の歴史の素朴な積み重ねこそ、彼ら／彼女らが取り組むべき課題だ。「平成」という「いま」での「文学」の位置を問うのが本書の立場であり、言い換えれば、文学内部の議論に関する解釈の提示である。これを筋道立てて論理的に示せれば、「社会学」になるのではないか。だから、本章では「文学」と聞いて何を思い出すのか、あるいは何をイメージするのかを提示する。なぜなら、誰か決まった作者や作品を先に挙げた時点で、既に「平成文学」や「文学」が「ある」ことを前提にしてしまうことになり、本章ではその逆の作業が求められるからだ。

「平成文学」は可能か

こう書くと、「平成文学」の不成立は、「文学」が他の分野、とくにサブカルチャーと呼ばれるまんがやアニメによって浸食されたのが原因だと思えてしまう。けれども、大塚英志がその著『サブカルチャー文学論』のなかで、「そもそもサブカルチャーや風俗流行と無縁の「純粋な文学」があった時代など恐らく近代文学史のどこにも存在しない(1)」と喝破しているように、これは目新しいことではない。「外国文学や古典への憧れが薄まり、文学をじっくりと味わう態度が尊ばれなくなった」という嘆きも、いまに始まった話ではない。

すると今度は、「平成」に限った現象などどこにもないように思われるかもしれない。歴史は連続している以上、「歌は世に連れ、世は歌に連れ」と、いつの時代にも、はやりすたりがあるだけだと感じられるかもしれない。

しかしながら(と何度も書くが)、本書では、そのような、いかにも「平成的」だと言いたくなる特徴をしつこく書き連ねてきている。このような特徴は、「平成の精神」や「平成デモクラシー」「平成維新」を掲げることばが明確な像を結ばないし、時代を象徴することばにおいて、もともと「平成」という元号が用いられる機会が少ない。本章で取り扱う文学との関連で言えば、「明治文学」や「昭和文学」あるいは「戦後文学」については何らかのイメージを共有できるのに対して、「平成文学」が見えない不思議さを考えたい。

むろん、これも前章までで述べたとおり、この文章の書き手も読み手も「平成」のただなかにいる。だからこそ、「平成」の性格が見えないのだ。そんな論難が「平成文学」にも寄せられる。しかしながら、後に見るように、「明治文学」という表現があらわれたのは四半世紀が過ぎた明治二十六年のことだった。「平成」も既に四半世紀が過ぎようとするいま、なぜ「平成文学」ははっきりとした姿を見せないのだろうか。しかも、既に元号と「文学」の結び付きが百年以上の歴史を持つにもかかわらず、なぜなのだろうか。

2　「文学」はどこにいるか

雑誌「文学」の目次から

くどくどと理念を並べるよりも、「平成」で何が「文学」と呼ばれているのかを、具体的な固有名詞で見てみよう。このときにヒントになるのが「文学」（岩波書店）という雑誌だ。

たとえば「昭和」最後の一年、つまり昭和六十三年＝一九八八年十二月号の特集は、「ギュスターヴ・フローベール」だった。直木賞作家・井出孫六の巻頭言「フローベールを読んだころ」に始まり、蓮實重彥や山田爵といった大御所の研究者から、作家の金井美恵子や池内紀にいたるまで、いかにも「文学」としか言いようがない面々が顔を揃える。そこでは、研究でも実作でも、ともかく「フローベール」という十九世紀フランスの作家をめぐって共通の議論が成立していた。あるいは、「成立していた」と信じて疑っていなかった。この名前や作品名を出せば、いかにも「文学」

を論じている気分になれたし、実際、「昭和」における「文学」とは、そのような振る舞いによって維持されてきた。

「平成」に入ってからももちろん「T・S・エリオットを読む――モダニズムの現在」(一九八九年〔平成元年〕四月号)や「大岡昇平――葛藤と表現」(一九九〇年〔平成二年〕春号)といった、古きよき文学研究の流れを真っ当に引き継ぐ特集が多く組まれている。けれども一方で、たとえば「モーツァルトを読む」(一九九一年〔平成三年〕秋号)や「メディアの政治力――明治40年前後」(一九九二年〔平成四年〕春号)のように、固有の作家よりもテーマをもとにした特集が増える。またそのテーマも、「昭和の文学」(一九五八年〔昭和三十三年〕四月号)や「中世法語の文学性」(一九六九年〔昭和四十四年〕十月号)といった元号や時代性と素朴に結び付いた形ではなく、「近世文学の越境」(二〇〇二年〔平成十四年〕五・六月号)や「戦後大衆文化と文学――昭和三〇年代をよむ」(二〇〇八年〔平成二十年〕三・四月号)など、時代の一断面を切り取ろうと試みている。「中世」や「江戸時代」のように、日本語圏だけの大きなくくりを「文学」で表現できるとは信じられなくなったからこそ、「平成」以降の雑誌「文学」の特集は変わったのではないか。より抽象的に言えば、ジェンダーや階級、ナショナリズムといった政治的に正しい読み方が横行し、「文学」と時代を無邪気に結び付けて批判する作法が定着していった。「文学」の側からは、特定の作品や作家がある時代を代表しているとは言えなくなり、何らかの視点に基づいて論じるようになった。それは確かに、「文学」のサブカルチャー化と定義できるのかもしれない。しかしながら、先に引いた大塚英志のことばどおり、「純粋な文学」があったと思うほうが能天気なのであって、いつも「文学」は、その時代のサブカルチャーと密接な関係を結んできた。

だとすれば、「平成」におけるサブカルチャーのなかで、とくに「文学」と関わってきたものは何だろうか。「文学」の側が、固有名詞や大きな時代のくくりから離れていったとすれば、「文学ではない」ものの側には、どのような傾向が見られたのだろうか。

こう考えたとき、何が「文学ではない」のかを見極めるのは存外に難しい。試しに『ハリー・ポッター』を例にとってみよう。イギリス人女性作家J・K・ローリングが一九九七年に書いた『ハリー・ポッターと賢者の石』は、日本では平成十一年末に発売され、瞬く間に八十五万部を売り上げた。翌年には映画化もされ、二〇一一年の完結にいたるまで、十年以上にわたってフィクションの世界のトップを走り続けた。ベストセラーであり、メディアミックスの大成功例の筆頭に挙げられる。では、先に見た雑誌「文学」は、将来この『ハリー・ポッター』を特集するだろうか。ここで「ない」と言ってしまえば話は簡単だ。「文学」は確固たる地位を「平成」でもなお保っているし、その立証になるからだ。しかしながら、ことはそう単純ではない。実際、雑誌「文学」平成十八年六・七月号の特集「ファンタジーの世界」では、『ハリー・ポッター』と同じような作品、つまり、ベストセラーとなり映画化されたダン・ブラウンの小説『ダ・ヴィンチ・コード』(二〇〇三年)を論じているし、翌平成十九年七・八月号では「SF」を特集している。すると、『ハリー・ポッター』もまた、「文学」の側にあるのだろうか。本書の問題に引き寄せれば、これは「平成文学」の代表作として語り継がれるのだろうか。それとも、「文学」と「サブカルチャー」の接点にある作品として捉えればいいのだろうか。

逆のケースを考えてみたい。『ハリー・ポッター』はもともと文字による芸術として世に問われ、その後に映像になった。その反対、つまりテレビや映画から始まり、文章になった場合を考えてみよう。テレビ朝日で平成十二年から放送されている刑事ドラマ『相棒』は、第十二シーズンを迎えてもなお、高い視聴率を誇る。既に三本の映画が公開されていて、日本語圏での映像化のヒット作品だ。そして、ドラマと映画のほぼすべてのエピソードが、脚本をもとに新たに「小説」(〔朝日文庫〕、朝日新聞社、二〇〇七年—)として売り出され、シリーズ累計二百万部を上回るほどの支持を集めている。はたしてこの小説版『相棒』は「文学」と呼べるのだろうか。仮に現在は認められていないとしても、時が過ぎれば、「平成文学」のなかに『相棒』ノベライズ版が含まれるのだろうか。

「文学」とそれ以外

もう一つ別の例を挙げてみよう。「読売新聞」のウェブサイトに「発言小町」というページがある。ここでは、話題を提供した者は「トピ主」と呼ばれ、読み手がそれに応じた返答を書き込む。もはや古いことばで言えば掲示板だ(などとわざわざ断らなくても、知っている人は知っているし、知らない人は何のことかわからない。こんなところにも「平成」における情報のあり方が示されているが、この点については次章で述べる)。

平成二十五年五月十五日、このサイトに「あなたが「もはや文学(又は芸術)!!」と思う漫画は何ですか?」というトピックスが提供された。[2] この話題には四十六本のレス(書き込み)しかなく、大きな盛り上がりを見せないまま一週間たらずで終息したが、この話題そのものは、「平成」における「文学」の状況、つまり「平成文学」の不可能性を象徴しているのではないか。トピ主が萩尾望都の『ポーの一族』（一九七二―七六年）や小椋冬美『天のテラス』（一九九一―九五年）を挙げたのに対して、「萩尾望都さんの漫画はすべて「文学！」と言いたくなるのですが、中で一番は「残酷な神が支配する」だと思っています。色々な意味で賛否あるのも聞いていますが、ひとりの人間が他人によって傷つけられてそこから立ち直っていく過程をあんなに丁寧に描いたものはないと思っています」といった形で賛意が示されている。また、「出ると思いますが「鋼の錬金術師」。あれだけ長いのに、全く中だるみさせない見事なプロット。命を弄ぶことへの警鐘。禁忌を犯した兄弟への重い枷。何処を取っても芸術です！」というレスもある。このサイトを見てわかるのは以下の二点だ。

まず、あまり熱を帯びて語られないその空気自体に目がいく。「もはや文学（又は芸術）!!」と「!」を二つも付けたトピ主も書き込む側も、そこまでの情熱は見せない。「過程をあんなに丁寧に描いたものはない」、または「あれだけ長いのに、全く中だるみさせない見事なプロット」といった冷静な指摘を返す。そこではタイトルに反して、もはや「文学」をまんがよりも上に置くのではなく、何か違うジャンルの作品として捉えている姿勢が見える。

二点目に興味深いのは、その理由だ。「丁寧な描き方」や「見事なプロット」が、このサイトに集まった人たちにとって「文学」を感じさせる何かであって、逆に言えば、彼らはそうした何かをまんがの特徴とは捉えていない。ここでも大塚英志のことばを借りれば、「戦後まんが史と文学の関わりはこの「内面描写」をめぐって一貫してなされた[3]のであり、「少女まんがは言語を微分化し、ちょうど絵の具の濃淡が絵画に奥行きを与えるように言語に濃淡を与え、ことばによって人の心の「奥行き」を表現しようとした[4]」のである。だから、内面を描けているかどうかは、まんがと「文学」を区別する目印にはならないし、それどころか、まんがのほうが平面であるだけ、豊かに内面を表せる場合さえあるのではないかと思える。

「サブカルチャー」と「文学」

吉本ばななにおける少女まんがの影響は既に国文学の研究でも指摘され、もはや常識になっている。だがそこでは、「文学」という古式ゆかしい制度がサブカルチャーに毒されたとでも言うべき視点があからさまになっている。それに対して、平成二十五年にインターネットの海のなかで交わされた小さなやりとりでは、トピ主もレスも「文学」を大層なものだなどとは思っていないし、既にこの話題はあまり関心を集めないような状況になっている。

雑誌「文学」での「昭和」と「平成」の違いをざっと見たが、それと同じ作業はいわゆるサブカルチャーの側からもできる。雑誌「ユリイカ」(青土社、一九六九年―)はいまでも「詩と批評」をタイトルに掲げていて、昭和四十四年の創刊以来、新作詩の投稿作品を掲載し続けているが、書店に行けば「サブカルチャー」のコーナーに置かれている場合が多い(とはいえ、「サブカルチャー」もジャンルとして細ってきているが)。けれども「昭和」では、「ジャン・ジュネ」(一九七六年〔昭和五十一年〕二月号)や「ゴダール」(一九八三年〔昭和五十八年〕五月号)といった、文学者や映画監督の個人名がフィーチャーされていた。ごくまれに「ユリイカ」がまんがを論じる場合もあったが、そのときは「つげ義春」(一九八二年〔昭和五十七年〕三月号)や「手塚治虫」(一九八三年〔昭和五十八年〕三月号)のような、いわば「文学」の側にいるような作家を取り上げていた。だが、「平成」になって取り上げられる「高野文子」(二〇〇三年〔平成十五年〕七月号)や「黒田硫黄」(二〇〇四年〔平成十六年〕八月号)は、まんがの世界でも傍流にいる存在であり、サブカルチャーと言うほかない。このような存在を常に取り上げる雑誌として、いまの「ユリイカ」はある。正統派「文学」の揺らぎはこんなところにも見られる。

したがって、外部から「文学」への参入障壁も低くなる。柳美里、松尾スズキ、宮沢章夫、本谷由希子といった劇作家に始まり、青山真治(映画監督)、リリー・フランキー(コラムニスト)にいたるまで、専業の「小説家」ではない書き手が増える。他方で、平野啓一郎や綿矢りさ、金原ひとみ、あるいは黒田夏子は、芥川賞受賞者であると同時に、その年齢や容姿なども注目された。驚いたり嘆いたりするべきではない。もともと芥川賞と直木賞は、菊池寛が雑誌「文藝春秋」の「賑やかし」[5]のためにつくったものだし、石原慎太郎や大江健三郎、あるいは村上龍や池田満寿夫を思い出せば、こうした外部からの流入による話題づくりはいささかも「平成的」な現象ではない。

「文学」の居場所

おわかりのように、このように延々と「文学」について書き進める姿勢は、何よりも書き手のこだわりを示している。「「文学」を大層なものだとは思っていない」と書いている側の人間こそ、

「文学」に特権を与えたい欲望のかたまりだと、あらためて言い訳するまでもないだろう。にもかかわらず、固有名を列挙しても、おそらく「文学」とそれ以外の境界線を決められない事態が、いかにも「平成的」なのではないか。

なぜなら、「昭和文学」と言えば、後に見るように、どのように定義づけるのか論争が起きるほど豊かであり、「戦後文学」と言っても、「戦後派」に始まり、絞りきれないほどの候補者がいる。けれども、「平成」における「文学」とは何かを考えようとして、具体的な作者の名前や作品を考えていっても、いっこうに焦点が定まらない。この漠然とした、そしてただただ固有名詞が並び続けるありさまが、いかにも「平成的」なのだ。

さらに、この文章の書き手が持つ性格ももちろん影響しているとはいえ、いちいち言い訳をしなければ前に進めない面倒くささこそ、「平成的」ではないだろうか。言い訳を積み重ねるのは、全体を見渡せないあきらめに由来する。その見渡せなさは、別の表現を使えば、タコ壺化でもかまわないし、島宇宙化とも言えるし、ポストモダンと言ってもいい。素朴に言えば棲み分けだ。その分断への意識ゆえに言い訳を積み重ねる――そのありさまがいかにも「平成的」ではないか。自らのことばが一部分を指し示すにすぎないという自覚と、同時に、知識や経験がないさまざまな分野への警戒心――その二つは、何らかの領域に知識を持てば持つほど強まり続ける。

ひとりの小説家に詳しい人物が「小説」全体はおろか「文学」に詳しいとは見なされないし、本人も、あだやおろそかに他の人物やジャンルには言及しない。知ったかぶりが露呈して足を掬われる事態への過剰な恐怖心。原因は臆病さではなく、端的に知らないのだ。「他の分野を知らないこと」を自覚していると言い訳しておきたいのである。だからといって、全体のなかでの位置づけや目配りを披瀝したいわけではない。自分の興味の対象以外には関心がない。そうした無邪気さがあらわれている分野として、「平成」における「文学」はある。ライトノベル(6)、推理小説、俳句……これらもまた「文学」と呼ぶべきなのかもしれない。では、「平成文学」の境界が曖昧だからといって、「昭和文学」や「明治文学」ははっきりと定まっていたのだろうか。「文学」とそれ以外の区別がつかないとすれば、次に、「平成」とこれまでの元号との差異を見るべきだろう。

「明治文学」にせよ「大正文学」にせよ、あるいは「昭和文学」にしても、元号と「文学」の結び付きは何の違和感もないどころか、それぞれが何らかのイメージを呼び起こす。「明治文学」であれば、つい最近も筑摩書房が『明治文學全集』（一九六五―八九年）の月報から抜粋した筑摩書房編集部編『明治への視点――『明治文學全集』月報より』（〔筑摩選書〕、二〇一三年）を出版し、その帯文には「昭和から見た明治」と大きく書かれている。「昭和」と「明治」はそれぞれ、時代を表す確固たる記号として何ら疑われていない。

図13　前掲『明治への視点』書影

序章で指摘したように、元号の区切りが時代の区切りと同じであるとするのは、「昭和」も「戦後」になってからできあがった観点にすぎない。さらに正確を期せば、あくまでも元号と時代の区切りが同じであるという「期待」が生じたのである。元号と「文学」の結び付きに関しても同じように見える。「明治文学」と呼ぶ場合、そこにあるのは同時代の作品や傾向を名指すよりも、もっと広い歴史への視点だった。そこでまずは、日本語圏での「文学」のことばの位置を見定めよう。単純に言えば、「文学」が世の中のさまざまな出来事を語ることばとして、哲学などの学問よりも力を持っていた様子を確かめておこう。

3 日本語における文学と社会

文学を語る＝社会を語る

社会学者の大澤真幸は、次のように概括している。

日本の近代史において、思想の中心的な担い手は、哲学者や、その他のアカデミシャンよりも、文学者や文芸批評家だった。すなわち、日本の近代にあっては、特定の分野の専門知の範囲を越えて、一般の公衆に思想を供給したり、彼らの知を刺激してきたのは、主に、文学者や文芸批評家だったのではないか。（略）日本の近代文学や文芸批評は、西洋の哲学や思想を直接に翻訳することの失敗を補償したのである。小説が、そして文芸批評が、われわれの日常の言語と思想の言語を媒介してきたのだ。(7)

大澤の眼目は社会科学から文芸批評への展開にあるため、論点が日本語の持つ特異性に絞られるが、本書の関心はそこにはない。確かに、大澤が述べたように、小林秀雄や江藤淳、吉本隆明、そして柄谷行人といった人物が、「文学」に事寄せていろいろな出来事を語ってきた。さらにそれらの語りは、「哲学者や、その他のアカデミシャン」よりも説得力があるかのように見えていた。これは前章で取り上げた「平成史」に関連して言えば、『昭和史』という一冊の新書が巻き起こした論争のなかで最も先鋭的な反応を示したのが、文芸批評家の亀井勝一郎だった点にあらわれている。歴史学の専門家ではないにもかかわらず、論争に参加した門外漢と見なされるどころか、亀井による「人間が書けていない」との批判のほうが説得的だとされた。門外漢だから論争に加わる資格がないではなく、文学者だからこそ、鋭い視点を持っていると評価されたのである。また逆に、先に大澤の肩書をわざわざ「社会学者の」と記したのは、こうした状況を論じる役割をこそ社会学者が担うべきだとする、本書の立場に則っているのである。

あらためて指摘するまでもないものの、小説だけが「文学」ではない。西欧圏では古来、詩や戯曲の文学としてのプレステージが高い時代が続いていたし、日本語圏でも戯作や落語といったことばを用いた芸術が十九世紀に至るまで隆盛を見せていた。そんななかで、小説は娯楽としての支持を集めるとともに、世の中のありようについて述べているかに見え、「文学」としての地位を上げていった。そのプロセスは、日本語圏では近代への移行と時を同じくしていたからこそ、小説が、西欧圏よりも強く、近代化の装置に映ったのである。

むろん、ここで、「文学」が国民国家を支えるイデオロギー装置だったなどと告発するつもりはない。そうではなく、本書の主題「「平成」論」を検証するために、小説を「文学」そのものと見なす視点と近代化という二つの仕組みが成立した時期が、同時に「明治文学」という呼び方が誕生した時期だったこと、つまりその様子を見たいのである。そこから、元号と「文学」の結び付きの起源を見たいのである。

4 「明治文学」の誕生

元号と「文学」の結び付き

いまでは「明治文学」と呼ばれても何ら違和感がない。しかしそもそも「文学」ということば自体は、明治期に西欧近代から導入されたため、当初、日本語圏で親しまれてきたさまざまな表現形式とは無縁だった。「明治文学史」をめぐる山路愛山と北村透谷の論争をはじめ、明治期における「文学」の成立については、鈴木貞美の著作(8)を筆頭にいくつもの成果が出されている。また、齋藤希史による「〈日本文学史〉流行のあとに出現したのが〈支那文学史〉であったこと(9)」といった指摘など、興味深い論点は多い。

こうした「文学」内部の議論も大いに参照しているものの、ここではしかし、あくまでも「明治文学」にこだわってみたい。そこで、明治二十六年＝一八九六年に山路愛山と北村透谷が著した「明治文学」を見てみよう。

愛山が同年三月一日から七回にわたって「国民新聞」に連載し未完に終わった「明治文学史」は、

次のように書き始められる。

飛流直下三千丈、疑是銀河落九天
是豈明治の思想界を形容すべき絶好の辞に非ずや。優々閑々たる幕府時代の文学史を修めて明治の文学史に入る者何ぞ目眩まし心悸せざるを得んや。
文学は即ち思想の表皮なり。乞う思想の変遷を察せしめよ。(10)

愛山は、「優々閑々たる幕府時代の文学史」と「明治の文学史」を対比し、後者について、「何ぞ目眩まし心悸せざるを得ん」と、その変化の激しさを強調する。「文学」は「思想の表皮」だから「明治の文学史」の変遷を見れば「思想」の変遷がたどれると述べる。そして最後に宣言する。

過去は即ち未来の運命を指定するものなり、未来は即ち過去の影なり。請う吾人をして明治文学史を観察せしめよ。(11)

既に蓄積された過去として「明治文学史」の観察を促す態度だ。だから、愛山に触発された北村透谷の「明治文学管見」に目を移すと、この蓄積された過去を観察する態度がより鮮明になる。

明治文学も既に二十六年の壮年となれり、此歳月の間に如何なる進歩ありしか、如何なる退歩ありしか（略）是等の事を研究するは緊要なるものなり、而して今日まで未だ此範囲に於て史家の技倆を試みたるものはあらず、唯だ国民新聞の愛山生ありて、其の鋭利なる観察を此範囲に向けたるあるのみ。[12]

透谷にとって、「既に二十六年の壮年」となるほどの歴史を持っているのが「明治文学」だった。彼は、徳川時代の文学を知らなければ明治文学を知ることはできないとしながらも、革命としての維新が生み出した要因は「最後の目的なる精神の自由を望んで馳せ出たる最始の思想の自由にして遂に思想界の大革命を起すに至らざれば止まざるなり」[13]とし、そこに「精神の自由」を見いだしている。透谷にとっての明治維新とは、「武士と平民とを一団の国民となしたるもの実に此革命なり、長く東洋の社界組織に附帯せし階級の縄を切りたる者此革命」[14]、つまり「革命」なのだ。その「革命」が生み出したのが「明治文学」にほかならない。

明治文学は斯の如き大革命に伴いて起れり、其変化は著るし、其希望や大なり、精神の自由を欲求するは人性の大法にして、最後に到着すべきところは、各個人の自由にあるのみ、政治上の組織に於ては、今日未だ此目的半を得たるのみ、然れども思想界には制抑なし、之より日本人民の往かんと欲する希望いづれかにある、愚なるかな、今日に於て旧組織の遺物なる忠君愛国などの岐路に迷う学者、請う刮目して百年の後を見ん。[15]

透谷は、「精神の自由」や「各個人の自由」を、「最後に到着すべきところ」と位置づける。そして、「請う刮目して百年の後を見ん」と、百年後の未来に思いを馳せる。「明治」は百年の長いスパンのなかで語られ、その視線は単純な現在主義や愛国心ではなく、より大きな歴史的な視野に基づいている。愛山と透谷は、「明治」がわずか二十五年しか過ぎていないのにもかかわらず、「明治」を振り返る。そこに彼らの歴史的な視野があった。この場合の「文学」とは「思想の表皮」であり、「人間と無限とを研究する一種の事業」[16]にほかならない。

もちろん、これらはナショナリズムの高まりとも捉えられる。明治二十七年＝一八九四年の日清戦争に象徴されるように、当時、国威が高揚していたので、彼らのことばも愛国心に基づいていた面が大いにあるだろう。ただ、「〈日本文学史〉流行のあとに出現したのが〈支那文学史〉であったこと」に明らかなように、国文学の後に漢文や漢詩という「外部」が発見された。日本語圏での「文学」を見たうえで、〈支那文学史〉を定めたのであり、排外的な国粋主義ではないのである。外からの侵入に対抗するために「日本文学」や「明治文学」が生み出されたわけではないし、単純なナショナリズムではないのである。

「明治文学」とは、元号による時代表象と「文学」概念が同じ時期に成立することによって生み出された歴史的な感覚だった。「国文学」といった形で日本語を称揚するのではなく、より大きな歴史の時間軸に自らの文学や思想を位置づけることばとしてあらわれたのが「明治文学」だった。

小説を「文学」と見なす視線、近代化、そして「明治文学」の概念がほぼ同じころに成立したのは、確かに日本語圏だけの偶然かもしれない。しかしながら、世の中を語ることばとして「文学」

が力を持っていた背景には、こうした歴史との関わりがはたらいていた。その点を考えると、単なる偶然とすませるわけにはいかない。

「平成」という元号でくくられる時代への意識が弱いのは、現在が「平成」だからではない。つまり、「平成」の渦中にいるから、あるいは歴史として捉えられないからではない。元号と「文学」の結び付きについても同じことが言える。「明治」は、明治二十六年の時点で「既に二十六年の壮年」と自覚されていた。だから、本来なら「既に二十六年の壮年」とも言うべき「平成」のいま、「平成文学」を振り返っても何ら問題がないどころか、回顧しないほうが不思議ではないか。にもかかわらず、本章の冒頭で述べたように「平成文学」なる呼び方にこだわる態度は、時代錯誤どころか珍奇なものに見える。それほどまでに元号と「文学」の結び付きが感じられない「平成」の前の時代、つまり「昭和」はどうだったのか。「昭和」における「文学」と元号の結び付きを確かめておこう。

「昭和文学」と「平成文学」

「昭和文学」[17]あるいは「戦後文学」「大正文学」「明治文学」、さらには「国文学」や「近代文学」といった呼称については、その「誕生」や「成立」をめぐって既に多くの研究や評論が書かれている。

「昭和文学」ということばが、いつ最初に使われたのかは定かではない。試みに『昭和文学年表』第三巻(明治書院、一九九五年)をめくると、昭和二十二年に平野謙が「昭和文学のふたつの論争」

と題した評論を雑誌「人間」十月号（鎌倉文庫）に発表していることがわかる。また平野は、雑誌「近代文学」昭和二十四年七月号に掲載された評論家七人による座談会でもこう述べる。

平田次三郎の「明治・大正・昭和という日本近代文学の全体の流れの中に昭和期の文学というもののの、パースペクティヴを見出すという意味で、中心を昭和文学におくように御了解願った上でお話をねがいたい」とする発言に続いて、平野は、「昭和文学」の特徴を「プロレタリア文学運動と、新感覚派……新興芸術派に続く傾向と、自然主義文学以来のものとの三派対立にある(18)」と述べる。

平野をはじめとした雑誌「近代文学」の同人は、プロレタリア文学を推進する立場から「風俗文学」への批判を展開した。彼らは「昭和文学」を、過去から未来まで連綿と続くものとして、明治以降の「日本近代文学」という連続性のなかで捉える。そして、新感覚派を含めて三つも流れがある——そんな路線対立さえ見られるほど多面的な性格を持つものとして「昭和文学」を位置づけている。あるいは、位置づけるというよりも、こうした議論自体が何ら違和感なく受け入れられていた。この状況、つまり「昭和文学」が「ある」とか「ない」とか言う以前に、何ら疑いを持たれなかったありさまは、瀬沼茂樹による次のような分析を見ても明らかだろう。

昭和文学は、第一次世界大戦の前後に起こったアヴァン・ギャルドの芸術運動のなかから始まった、と考えることができよう。近代文学の逢着した世紀末的苦悶と個人主義の破綻とは、近代文学の分裂と対立とを喚起し、この近代文学を何らかの意味において否定することによって、その分裂と対立とから脱却しようと焦りながら、かえってますますこれを深めていく焦燥との忿怒から、その根である社会の矛盾にたいするイロニイシュな、あるいはアナアキスチックな破壊と反抗になっていったところに、アヴァン・ギャルドの姿があった。そして、それは、すぐれて詩において成立し、昭和文学の新しい段階はここにきられた。[19]

瀬沼のこの文体こそ、いかにも「昭和文学」だと言えるだろう。既に見た「明治文学」における漢文訓読調でもなく、なめらかな口語でもない。カタカナと、「、」を挟みながら長々と続くこの文体こそ「昭和」における「文学」の特権性を表している。もちろん、その代表格として小林秀雄を取り上げてもかまわないが、瀬沼もまた、「昭和文学」を代表する書き手だと言える。その理由は、「明治文学」から連綿と続く歴史、そして党派対立など、さまざまな事柄を上から目線で論じるその姿勢に顕著だ。しかし同時に、「昭和文学」の始まりは、プロレタリア文学にせよアヴァン・ギャルドにせよ、あるいは改元にせよ、多種多様だ。「戦時」と「戦後」を分ける考え方[20]や、大正後期以降のすべてを「プロレタリア文学モダニズム芸術派文学」と「現代文学」の二巻だけにまとめてしまう区分[21]まで見られるにいたっては、「戦争」を切断点とするか否かも曖昧になっている。

「戦後文学」は言うまでもなく「戦争」、つまり太平洋戦争ないしは第二次世界大戦の「終わり」を「始まり」とし、昭和二十年＝一九四五年以降に書かれたものだと定義できる。その始まりは明確だ。だから、常に「終わり」が取り沙汰される。[22]それに対して「昭和文学」は、その融通無碍な性格ゆえに常に内実が論じられる。プロレタリア文学なのか、風俗文学なのか、あるいは新感覚派なのか……もはや「平成文学」にはいずれも無縁なことばだが、当時は圧倒的なリアリティーを持っていた。

他方で、「昭和文学」の中身とは関係なく、「昭和」という元号は天皇の死去によって終わった。だから、始まりが曖昧であり、さらに内容から考えると、終わりもまた茫漠としたままなのだ。ある傾向が衰退したり、新しい流れが生まれたりしたために「昭和文学」が終わったわけではなく、昭和天皇裕仁の死によって、「昭和文学」もまた、終わりを告げられてしまっただけなのだ。始まりが明確であるがゆえに、「終わり」の神話に常にさらされる「戦後文学」。「始まり」がはっきりせず、「終わり」が強制されているがゆえに、本当の「終わり」を見つけられない「昭和文学」。はっきりした顔立ちの両者と比べると、「平成文学」はどのような表情を見せているのだろうか。

5 「平成文学」は可能か

「平成」の「文学」

今日、「平成文学」を見つけようとすると、そこにはどのような光景が広がっているのだろうか。「平成文学」を主題的に扱った議論はほとんど存在していない。「平成文学」を冠した雑誌の特集は二回しか組まれていない。むろん「平成文学」を冠した全集もない。

初めて「平成文学」を主題的に扱った月刊誌「新潮」二〇〇二年一月号は、「集中討議「平成文学」とは何か」と題したうえで、「1990年代の文学と社会から」という副題を付している。(23) そして、

図14
(出典:「新潮」2002年1月号、新潮社)

三人の評論家による討議の末尾に掲載されている編集部作成の年表は、「一九九〇年代作品年表」となっている。ここがまず奇妙だ。「平成文学」を掲げながら、その年表には「一九九〇年代」と書いてしまう。おそらくは無自覚だろう。けれども、本書第1章で「平成不況」と「失われた十年」と「バブル崩壊後」が同じ時期を指しながらも一致しない様子を指摘したように、ここでも「平成文学」を論じようとしながら、「一九九〇年代作品」と言ってしまう。それがいかにも「平成的」ではないだろうか。

この特集冒頭で、三浦雅士は「明治に対する大正にあたる「平成文学」の印象はどうだったのか[24]」と問う。菅野昭正は「下降、崩壊が時代のしるしになったようなところがある[25]」と受け、川本三郎も「九〇年代の十年間、文学、社会、倫理などあらゆる局面で、それまでにあった定型や伝統、歴史が壊れてしまった[26]」と嘆く。それを受けた三浦はいささか唐突に、「小川国夫、遠藤周作、辻邦生は、ヨーロッパを観念的な理想像として何よりも重視して考えてきた作家」であり、「これを仮に「昭和文学」と考えてみる」と宣言する。続けて、「新しい単身者の文学を乱暴に、「日本も外国である」という観点の文学としてまとめて、仮に「平成文学」と考えてみる」と打ち出す[27]。

しかしその後は、「J文学[28]」と呼ばれる作家をはじめ、固有名詞が列挙されるだけだ。そして最後には、菅野が「九〇年代を通じて、文学は変貌し、新しいものを産みだしたけれど、総じて小説の世界は収縮の傾向にある」と慨嘆し、これに川本が「平成の日本文学には、時代に対する鋭敏さはありました」と返している。この、ほとんどかみ合わない会話を無理やり終わらせるために、三浦は「この社会を支えているものなんてぜんぜん確かなものではない、不確かなものなんだけど生きているんだ」という問題は「世界の現在の問題」だから、「平成文学は世界文学なんだとつくづく思います[29]」と結んでしまう[30]。何ら根拠のないまま、「平成文学」は世界文学と呼べるほど大きな存在にまで昇華してしまった。昭和文学の時点では、世界文学と言えば、雑誌「文学」が特集するマルセル・プルーストなどの日本人以外の「文学」を指していた。しかしここでは、「不確かなものなんだけど生きているんだ」などといった曖昧な問題が、「世界の現在の問題」だからという理由で「世界文学」になってしまう。なんとも単純すぎる話ではないか。

「平成文学」を掲げたもう一つの特集「平成文学の可能性を探る[31]」では、川村湊が「「平成文学」とは「ポスト昭和＋戦後文学」、「ポスト近代文学」とまで言ってもいいようなものの始まりだろう」と定義し、「昭和文学の終わり」を一九九二年の中上健次の死に求める。この座談会で決定的なのは、松浦による次のまとめだ。

昭和までは、文学者が一種のオピニオンリーダーとして社会的に認知され、ある程度の社会的影響力を持つということがあった。しかし、テクノクラートの時代に入り、政治や経済のことは専門家に任せておけばいいという空気が広がった。感性で勝負している文学者が直感的に何か言っても、シラケた受け取り方しかされなくなった。[32]

この状況を、川村は「平成という時代は、（略）かなりの面を変えてしまった。でも文学のほうが、むしろそれに追いついていない」と言い換え、松浦も「日本だけは非常にのどかで、何となく閉塞感が立ちこめているという程度の感じ」[33]と締めくくる。[34]

先の二つの座談会のどちらが正しくて、どちらが間違っていると判定するつもりはない。また、この二つの特集に挟まれた七年の間に、「平成文学」が「世界文学」から「時代に「追いついていない」」ものに転落したわけでもないだろう。

「戦争」という山を抱えていた「昭和文学」でもなく、「戦争の終わり」という始まりを持つ「戦後文学」でもない。のんべんだらりとしたこの時間の積み重ねを無理やり総体としてまとめようとするや否や、「平成文学」は「始まり」も「終わり」も想定できないまま、「世界文学」と「追いついていない」といった両極端に触れるほど、評価が拡散してしまうのだ。

「平成年間」の文芸

「平成文学」をめぐる茫洋とした議論とは別に、文芸批評家の福田和也は「時に人々が共通する気分なり、偏見なり、不充足なりを抱くとすれば、やはり時代というものは、存在しているのではないか」と述べる。そして、「元号を尊重し、未来においても用い続けるべきだ」として、「平成年間」の文学作品の批評を書き始める。

中野悠人／山下智子

保育士になろう!

都市部では待機児童の増加で保育施設と保育士が不足している。その引く手あまたの保育士になるための講座——保育士資格を取得する道のり、試験内容と対策、就職してからの1日の仕事の流れ、子どもとの遊び方などを具体的に紹介、男性保育士への聞き書きも収め、やりがいと魅力をあますところなくレクチャーする。定価1600円＋税

平林直哉

フルトヴェングラーを追って

伝説的な指揮者の実像を求めてドイツの関係者から逸話を集め、日本のフルトヴェングラー受容史を紹介し、初期LPやCDの決定盤を推薦する。マニアが驚喜する珍品プログラムも公開し、「疑惑の『第9番』」ほかの論考や自作CDの制作手記などで、従来の評伝本ではふれていない「もう一つの顔」を描く待望の一冊!　定価2000円＋税

戸ノ下達也／長木誠司／中橋愛生／福田 滋 ほか

日本の吹奏楽史

1869—2000

勇壮なメロディーが心を躍らせる吹奏楽。明治期に軍楽隊として発展し、大正・昭和期には学校教育や職場などでプロ・アマチュアの垣根を超えて社会に広がっていった歩みをたどり、ポピュラー音楽への影響やコンクールの現状、コンサートの隆盛も紹介する。吹奏楽の過去と現在を知る入門書。コラムや史料も充実。　定価2000円＋税

薮下哲司／鶴岡英理子／天野道映／大越アイコ ほか

宝塚イズム27

特集　幕開けは柚希・壮!　百周年、新たな伝説へ!

ついに宝塚が100周年を迎えた!　華々しく幕開けした宝塚の新たな伝説の始まりに、この歴史的瞬間を祝い、100周年記念号としてスターや歌劇団への今後の期待や展望を語る寿特集を構成。さらに小特集は「さよなら悠未ひろ」、OGロングインタビューには未来優希が登場する。インタビュー写真も多数所収!　定価1200円＋税

阿部 潔

監視デフォルト社会

映画テクストで考える

見張り／見張られ、見守り、相互に見合う――監視が日常に埋め込まれ、生活様式にデフォルトとして設定されている現代社会の特質を考えるために、6本の映画作品を取り上げて「犯罪なき社会への欲望」「個人情報のゆくえ」「まなざしの快楽」といった論点を読み取り、現代の監視に潜む「おぞましさ」を照射する。　定価2000円＋税

妙木 忍

秘宝館という文化装置

全国の温泉地にあった「性の博物館」＝秘宝館。性交シーンの等身大人形や性器の模型を展示した「おとなの遊艶地」はかつて20館を超えたが、いまや3館が残るだけ。古来の性器信仰と現代の等身大人形製造文化と娯楽産業が融合した文化装置を訪ね、「身体の観光化」の視点から考察する。貴重なカラー写真も所収。　定価2000円＋税

志賀信夫

舞踏家は語る

身体表現のエッジ

舞踏とは自分自身の追求である――舞踏は国内だけでなく世界に広がる前衛表現Butohへと昇華している。舞踏家たちはいま何を追求しているのか。笠井叡、上杉満代、大野慶人、和栗由紀夫、石井満隆ら第一線の舞踏家との対話から身体表現への思いを抽出して、舞踏の現在と本質に迫るインタビュー集。舞台写真も所収。定価2000円＋税

丸山泰明

渋沢敬三と今和次郎

博物館的想像力の近代

戦前期に財界人・渋沢と考現学の創始者である今は、日本の生活や民俗を収集・展示して新たな価値観を発信する博物館の設立をめざして奔走する。その活動は戦後、国公立の博物館設立として結実した。のちに知の巨人と評される2人が若き日にめざした夢とその道のりを、豊富な資料から浮かび上がらせる。　定価2000円＋税

鈴木智之

「心の闇」と動機の語彙

犯罪報道の一九九〇年代

神戸連続児童殺傷事件など、1990年代の犯罪事件の新聞報道を「動機の語彙」という視点から追い、「心の闇」という言葉が犯罪や「犯人」と結び付くことで、私たちの社会に他者理解を断念させ、他者を排除するモードがもたらされたことを明らかにする。そのうえで他者を理解し関係を再構築していく方途を示す。　**定価1600円＋税**

岩渕功一／河合優子／高 美哿／山本敦久 ほか

〈ハーフ〉とは誰か

人種混淆・メディア表象・交渉実践

日本で〈ハーフ〉はどのような存在なのだろうか。戦前から戦後に〈ハーフ〉がたどった歴史、映画・雑誌・マンガでの描かれ方、当事者たちへのインタビュー、といった素材や視点から、〈ハーフ〉が直面する差別の構造やカテゴリー化の文化政治を明らかにする。多文化社会の醸成に向けた視点を切り開く論考集。　**定価3000円＋税**

早川タダノリ

「愛国」の技法

神国日本の愛のかたち

「生活下げて日の丸上げよ!」「裸授業で体を鍛えよ!」「一升瓶で空襲に備えよ!」「人間魚雷を発明せよ!」……「不敗の神国日本」の総動員体制を支えた愛国者たちは、どのようにして育成されたのか。哀れにも滑稽なアジテーション群を掘り起こし、その「愛国心」のかたちを探究する!　カラー32ページも所収。　**定価2000円＋税**

橋本健二／初田香成／石榑督和／青井哲人 ほか

盛り場はヤミ市から生まれた

敗戦直後、非公式に流通する食料や雑貨などが集積し、人や金が行き来していたヤミ市は、戦後の都市商業を担う人々を育て、その後に続く新たな盛り場を形成した。新橋・新宿・吉祥寺などの東京近郊、神戸、盛岡でのフィールドワークや資料調査から、ヤミ市が戦後日本に与えた社会的・空間的インパクトを描く。　**定価2800円＋税**

福田は「西暦の方がどうしても分り易い時もあるので、ケース・バイ・ケースということになる」と断ったうえで、ただ一カ所だけ西暦を用いている。師匠にあたる評論家・江藤淳の「「ごっこ」の世界が終わったとき」と題した昭和四十五年のエッセイを引用し、次のように述べる。

〔学生による反体制運動は：引用者注〕先鋭化していけばいくほど非現実的なものになり、本来の目論見とはかけ離れてゆき、その乖離を意識すればするほど、より強い手応えを求めて過激な手法や暴力に依拠せざるを得なくなる――。この分析は、六〇年代末から、八〇年代初頭までの左翼運動の暴力化のメカニズムを分析しつくしている。[35]（傍点は引用者）。

学生運動は、元号による時代感覚から遊離した「ごっこ」だという。その福田は、村上春樹の「ねじまき鳥クロニクル　第一部　泥棒かささぎ編」と「追悼特集・中上健次」が掲載された文芸誌「新潮」平成四年十月号を、「昭和の文学が平成の文学に道を譲る地点だ」と位置づけて、次のように評価する。

村上春樹がきわめて重要なのは、平成年間を特徴づけた年である、平成七年の二つの事件、つまりは阪神大震災と、地下鉄サリン事件の双方について、もっとも鋭敏に反応し、問題作を残しただけでなく、その論理において、むしろ村上自身が先取りしていたかのような、既視感を抱かせるところにある。（略）平成年間の現実感覚を、再現し解釈するのではなく、創造、再構成をすることであり、『1Q84』はその総決算としての性格を帯びている。[36]

かつてジョージ・オーウェルが書いたSF作品『1984』をモチーフにした、この村上春樹の作品を象徴することばを引用しよう。

図15　前掲『1Q84』書影

しかしここは本当の世界だ。そいつは間違いない。この世界で味わう痛みは、本物の痛みだ。この世界にもたらされる死は、本物の死だ。流されるのは本物の血だ。ここはまがい物の世界ではない。仮想の世界でもない。形而上的な世界でもない。それはわたしが請け合う。しかしここは君の知っている一九八四年ではない[37]

この小説が、なぜ「平成年間の現実感覚を、再現し解釈するのではなく、創造、再構成する」ことになるのか。その理由は、あえて西暦にこだわった村上春樹の振る舞いにある。学生運動のような「ごっこ」の世界を、暴力によって進む物語の力を借りて「再現し解釈するのでは」ない。性交なしに妊娠するような、救済の見込みがなく人称さえ歪んでしまう感覚――これを「創造、再構成」しているから評価できるのだと、福田は強調する。

確かに『1Q84』は百万部を超えるベストセラーになり、絶賛された。しかし、この作品を

「平成文学」の代表作と言えるだろうか。それよりも、既に取り上げた『ハリー・ポッター』や『相棒』のほうがふさわしいのではないか。

「一九八〇年代」から「一九九〇年代」にかけて文芸評論の世界でしばしば見られたように、村上春樹を貶め、村上龍を褒めて「文学」の真実を見ようとしても、話は変わらない。なぜなら、村上龍が「平成」年間に書いた文章のうち、最も売れたのは『13歳のハローワーク』（幻冬舎、二〇〇三年）であり、『あの金で何が買えたか――バブル・ファンタジー』（小学館、一九九九年）だったからだ。確かに彼は、援助交際を描いた『ラブ&ポップ』（幻冬舎文庫 トパーズ）、幻冬舎、一九九六年）や少年犯罪を素材にした『インザ・ミソスープ』（読売新聞社、一九九七年）、あるいは朝鮮半島情勢を扱った『半島を出よ』（上・下、幻冬舎、二〇〇五年）といった「社会派」風味の作品も多く書いている。けれども、『限りなく透明に近いブルー』（講談社、一九七六年）や『コインロッカー・ベイビーズ』（講談社、一九八〇年）といった鮮烈な作品よりも、いまや、テレビ東京系の経済番組『日経スペシャル カンブリア宮殿――村上龍の経済トークライブ』（二〇〇九年―）で経営者と対談する姿のほうが、はるかに印象が強いのではないか。小説ももちろん書いてはいるが、石原慎太郎や田中康夫、猪瀬直樹が相次いで「知事」になったのと同じように、村上龍もまた「文学」の外に出た、つまり「文学」専業から退却したことが、「平成文学」を象徴している。

三浦雅士が「世界文学」を見て取る一方で、松浦寿輝は時代に「追いついていない」と嘆き、福田和也は「平成年間の現実感覚を（略）創造、再構成する」作品を称賛する。前章で見た「平成史」が平板な出来事の羅列に終始し、正史たりえなかったように、「平成文学」もまた稗史にさえなれないまま、「年代」の区分さえ欠いている。それは、読む側の思いつきや願望を投影する装置として、その看板だけを掲げているにすぎない。

たとえそれらの文学作品が、普遍的な価値を持つ（「世界文学」）ものであろうと、時代遅れの異物（「追いついていない」）であろうと、あるいは、現実を変えてしまう力を持っている（「現実感覚を創造、再構成する」）ものであろうと、結局は批評する者の感想にすぎないゆえに、本人以外にはその妥当性を判断できない。

だから、考えるべきことは、「平成年間」の文学作品が社会を正しく表しているか、あるいは「社会」のどの部分を表しているかではなく、「表している」と強弁させる欲望が何によってもたらされているか、という社会的条件にほかならない。

平成「の」文学はどこにあるのか

本章冒頭で述べたように、「平成文学」へのこだわり自体が何か奇妙な態度に映ってしまうほど、この呼び方は定着していない。「明治文学」や「昭和文学」がそれぞれの経緯と背景を持っていたのに対して、「平成文学」はその姿が見えない。その理由は、同時代だからでも、時間が短いからでもない。

たとえば「大正文学」について言えば、蓮實重彥は「大正的言説」を「代行性」「抽象性」、そして「「標語」の周辺を旋回し続け、事実の分析＝記述へと向かうことはごく稀」であると特徴づけている。「大正期の文化が明治のそれと本質的に異なる点は、近代国家としての日本が、国際的に見るなら、その帝国主義的な発展の一過程としての植民地の獲得、国内的にいうなら、大都市における新たな労働者層の出現という未経験の現実と直面しているという事実[38]」に裏打ちされている。そのイメージは何人かの作家や作品とともに簡単に浮かんでくるのではないか。

だから「平成文学」がない。そう確認すれば、本章の課題はすんでしまうのだろうか。

そうではない。

冒頭で述べたように、元号と「文学」の結び付きは小説、それもいわゆる純文学と呼ばれる領域に限られてきた。時代小説はおろか、ミステリーもライトノベルもケータイ小説も、詩歌も、演劇のことばも、あたかも「文学」には含まれないかのように見なしてきた。小説を「文学」そのものと見なす視線がより強く近代化と結び付いていたからこそ、たとえば、柄谷行人は「近代文学の終わり」を宣言したのだ。しかし、ヴァルター・ベンヤミンのアウラの凋落を明快に解説した中村秀之に従えば、「あくまでもそれを現在進行中の「過程」として見ている[39]」――そのようなものとして「衰退」や「崩壊」は語られる。すなわち、「文学」が「終わる」という宣言は、いままさに終わりつつある、その渦中だからこそ紡ぎ出されるのであって、完了してはいない。さらに言えば、日本語圏での娯楽の王様としての小説は、映画やテレビやまんがの隆盛以降、つとに崩壊がささやかれてきた。その意味では、長らく「崩壊」や「衰退」の一途をたどっているのであって、ここ数年の現象ではない。

また、より現実に即して考えれば、わざわざ書店に足を運ばなくても、いまの日本語圏にはことばを用いた娯楽があふれている。書籍という形以外に、インターネットや個人の間で交わされるメールやメッセージの交換を含めれば「平成」の世は常にことばに囲まれている。

小説を「文学」と同一視し、さらに、その娯楽としての支配的な立場ゆえに、世の中を語ることばとして信頼する。だからこそ、小説は元号と結び付いた形で、時代の精神を超えた広い歴史意識を表しているように見える。だがそうした幸福な関係は、もはや「平成文学」にはありえない。他方、わざわざ「平成文学」という形で強調しなくても、「文学」と言えるかもしれないことばの厚みや積み重ねは、膨大なものがある。何を「平成文学」と指差すかはそれぞれの立場や見解に委ねられるようになり、自由度ははるかに大きくなった。何を持ち出して「文学」だと捉えるのか、あるいは「文学」だと捉えないまでも、それを娯楽と考えるかどうかは、趣味や好みの問題になった。

だからこそ、村上春樹の新作が出版されるたびに、あたかもそれだけが「文学」の正統であるかのようにお祭り騒ぎが繰り広げられる。村上春樹が「文学」だと自分たちに言い聞かせるように、その作品の魅力や欠点を嬉々として語り続ける。ただ、もはやその振る舞いによって何らかの時代精神を表しているとは言えないし、誰からもそのようには見なされない。もちろん、「平成文学」などと言えるはずもない。

だが、このように「平成文学」にこだわる姿勢自体が滑稽であり、それは「明治文学」や「大正文学」「昭和文学」のようなものがあると信じている無邪気さの裏返しなのである。文壇が消えた「平成」で「平成文学」を言い募る哀しみ、そしてそのなかで文壇のドンになろうとする、つまり「平成」の小林秀雄になろうとする哀しみ。そこには二重の哀しみが見て取れるのである。そして本書の書き手もまた、この哀しみのまなざしにからめとられているのである。

本章の第2節で「自分の興味の対象以外には関心がない。そうした無邪気さがあらわれている分野」と「文学」を位置づけた。「明治文学」をはじめ、元号と文学の結び付きを成り立たせていたのが「文学」への屈託のない信仰だったとすれば、自分の興味や関心に即してひたすらことばを積み重ね続ける態度こそ、「平成文学」における無邪気さにほかならない。言い換えれば、自らの局域ぶりに言い訳をしながらも、だからといって全体を目指すわけでもない、そのありさまが、いかにも「平成的」なのではないか。多様になったジャンルがそれぞれに増殖し、また、それぞれの領域にまつわる批評や評価のことばが蓄積される。決定的なことばを誰しもが口にしたいと望みながら、そう望むがゆえにダラダラと言い訳や注釈ばかりが増えていく。「平成」におけることばが、もはや「文学」によって代表されなくなった風景こそ、「平成文学」にほかならない。

だから「「平成文学」がない」のではない。もともと元号と「文学」の結び付きは、小説への特権視と近代化と関連して、同時に成立した現象だった。だからこそ、「平成文学」は旧来の延長線上に位置づけられないのである。単純に「崩壊」や「凋落」したのではない。ベンヤミンが指摘したように、「文学」のアウラはいままさに崩壊している途上だ。つまり、「文学」それ自体の水準でもアウラが崩れる過程にあり、そこではまた、「平成文学」という元号と「文学」の結び付きも成立しない。この二重の困難ゆえに、ますます「平成文学」は一筋縄ではいかないのである。だから、小説に限らず、何らかのジャンルや誰か特定の作家や批評家のことばによって「平成」を語ることはできない。このありさまが、いかにも「平成的」ではないか。

では、ことばそれ自体が娯楽をなしている「文学」で「平成」を代表できないとすれば、何かの出来事ではどうだろうか。たとえば事件や事故、そして災害といった、「平成」の時空間で起きたさまざまな出来事にまつわることばの使い方、つまりニュースはどのように語られてきたのか。それを見れば、「平成」は見えてくるのだろうか。

ことばによる感覚の自由度が増大した時代、そのことばはどのように使われてきたのか。その観察が次なる課題である。

注

（1）大塚英志『サブカルチャー文学論』朝日新聞社、二〇〇四年、五一六ページ

（2）「発言小町」「YOMIURI ONLINE」(http://komachi.yomiuri.co.jp/t/2013/0515/592661.htm?o=0&p=1)［最終アクセス二〇一四年四月五日］

（3）前掲『サブカルチャー文学論』一〇三ページ

（4）同書一一二ページ

（5）菊池寛「話の屑篭」「文藝春秋」一九三四年四月号、文藝春秋、一六九ページ

（6）この点については、たとえば、波戸岡景太『ラノベのなかの現代日本――ポップ／ぼっち／ノスタルジア』（〔講談社現代新書〕、講談社、二〇一三年）で、「ライトノベルという文芸ジャンルが浮かび上がらせる、昭和と平成の「断絶」を観察し、その意味するところを論じて」いる（一八二ページ）。

（7）大澤真幸『思想のケミストリー』紀伊國屋書店、二〇〇五年、六―九ページ

（8）鈴木貞美『「日本文学」の成立』作品社、二〇〇九年

(9) 齋藤希史『漢文脈の近代――清末=明治の文学圏』名古屋大学出版会、二〇〇五年、二五ページ
(10) 山路愛山「明治文学史」、大久保利謙編『山路愛山集』(「明治文学全集」第三十五巻)所収、筑摩書房、一九六五年、一九〇ページ(初出は明治二十六年〔一八九三年〕)
(11) 同書一九一ページ
(12) 北村透谷「明治文学管見」、小田切秀雄編『北村透谷』(「明治文学全集」第二十九巻)所収、筑摩書房、一九七六年、一二〇ページ(初出は明治二十六年〔一八九三年〕)
(13) 同書一二七ページ
(14) 同書一二七ページ
(15) 同書一二七ページ
(16) 同書一二六ページ
(17) 鈴木貞美は、『「昭和文学」のために――フィクションの領略 鈴木貞美評論集』(〈昭和〉のクリティック)、思潮社、一九八九年)のなかで、「元号ひとつ変わったところで何が変わろうわけもない」としながらも、「文学というものが、ことばにおける精神の発現を指すものであるとすれば、ことはそれぞれの時代の精神にかかわる。この国の人びとの精神が、元号ひとつで右往左往させられるように出来あがってしまっている限り、これを無視してキリスト教紀元暦で区分をつけてみてもはじまらない」(一〇ページ)と述べて、「昭和文学」、とくに「昭和初年代の文学シーンの持つ最もラディカルな意義は、近代という理念、近代的自我の信仰に基く世界観を解体し、無意味化しようとする突破口を切り拓いたところにある」(一六ページ)とするなど、「現代において人間がいかにして、虚構の世界を獲得してきたかに思いをこらして「昭和の文学」を読んでいると、実は豊かな実りを約束するような芽が沢山芽ぶいているのに気づくはずだ」(二一ページ)と「昭和文学」を肯定的に評価して

いる。だから鈴木にとって、同書をものした一九八九年とは「あたかも「戦後」と「昭和」と「近代」の三つの季節がいちどきに終焉を迎えようとしている秋に立ち会わされているかのよう」(二八三ページ)に映る。

この鈴木の鋭い感覚にあえて蛇足を付け加えるならば、「八〇年代」という強烈な同時代意識を持つ時代もまた、一九八九年に終焉を迎える。その偶然の一致もまた、「終わり」の感覚を強めるはたらきを持っていた。

(18) 吉田精一/荒正人/佐々木甚一/友野代三/平野謙/本多秋五/平田次三郎「座談会 昭和文学を語る」、近代文学社編「近代文学」一九四九年七月号、近代文学社、四二ページ

(19) 瀬沼茂樹「昭和詩の出発——昭和文学史のための覚書」、至文堂編「国文学 解釈と鑑賞」一九五〇年一月号、至文堂、一ページ

(20) 小田切秀雄編『講座日本近代文学史』大月書店、一九五七年

(21) 伊藤整ほか編『現代日本文学講座——鑑賞と研究』三省堂、一九六二年

(22) たとえば、文芸評論家の本多秋五は「「戦後文学」の時期を、いつからいつまでとはっきり一線を引いて区切るのは困難であり、またそれほど重要なことでもないが、運動としての戦後文学が存在したのは大体〔一九:引用者注〕五〇年ころまでであり、それ以後はより多く戦後派作家ひとりひとりの個人的成熟の時期と見られるべきで、その個人的成熟が五六年までの間に戦後色の褪化をもたらしたが、その褪色過程は五三年になるとようやく明らかだ、ということになる」と述べている(『物語戦後文学史』新潮社、一九六五年、三〇〇—三〇一ページ)。あるいは、荒正人は、既に一九五三年に、「一九五〇年、つまり、朝鮮戦争の年ですが、この年でいちおう戦後文学というものが文学的な運動としては終りを告げたのではないか」と、「戦後文学の総決算」(近代文学社編「近代文学」一九五三年一

月号、近代文学社、一ページ）で宣言している。

(23)菅野昭正／川本三郎／三浦雅士「集中討議「平成文学」とは何か――1990年代の文学と社会から」「新潮」二〇〇二年一月号、新潮社

(24)同誌二三九ページ

(25)同誌二三九ページ

(26)同誌二四〇ページ

(27)同誌二四八ページ

(28)『90年代J文学マップ――絶対読みたい現代作家ファイル99人』（「文藝別冊」、河出書房新社、一九九八年）、『J文学をより楽しむためのブックチャートBEST200』（「文藝別冊」、河出書房新社、一九九九年）に端を発するこの潮流については、たとえば、浅田彰「「J回帰」の行方」（「Voice」二〇〇〇年三月号、ＰＨＰ研究所）などを参照。

(29)前掲「集中討議「平成文学」とは何か」二六六―二六七ページ

(30)「J文学」と「平成文学」との間柄に関して言及しておけば、両者はほぼ同じ作家群を指し示している。にもかかわらず、たとえば、「阿部和重がどちらに属するか」といった疑問が浮かばないほど屹立しているわけではない。肯定的に見れば、「J文学」と「平成文学」の間で揺れ動くのが阿部和重であるとは言えるかもしれないが、単純に言えば、両者ともすぐに忘れられる枠組みでしかなかったのだ。

(31)同じ「中央公論」（二〇〇八年七月号、中央公論新社）の特集では、文芸評論家の加藤典洋は、三十人以上の名前を列挙しながら、結局は、「彼らがもたらしたものは何かと言われると、難しい」と黙ってしまうし、元「新潮」編集長の坂本忠雄は、「私には個々の作家に対して時代性とか傾向性と

かを念頭に置く読み方をしたくないという性癖がある」と断っている。
(32)津島佑子／川村湊／松浦寿輝「平成年間の代表作を読む「ポスト昭和」の時代と文学――座談会」、同誌、一五九―一六〇ページ
(33)同誌一六三ページ
(34)桶谷秀昭は二〇〇三年（平成十五年）の時点で、文学に事寄せて、また、彼の周囲の人間の死者を数えながら、寓話的に「平成」における思想史や精神史を語ろうとしているが、しかし、それはここで松浦や川村が振り返っているように、文学が時代に追いついていないことを体現する結果に終わったと言わなければならないだろう（桶谷秀昭「平成とは何か」、前掲「文學界」二〇〇三年二月号、四七―六〇ページ）。
(35)福田和也『現代人は救われ得るか――平成の思想と文芸』新潮社、二〇一〇年、三七九ページ
(36)同書四〇、二九八ページ
(37)村上春樹『1Q84 BOOK2〈七月―九月〉』新潮社、二〇〇九年、二七一ページ
(38)蓮實重彥「「大正的」言説と批評」、柄谷行人編著『近代日本の批評 明治・大正篇』所収、福武書店、一九九二年、一三二ページ
(39)中村秀之『瓦礫の天使たち――ベンヤミンから〈映画〉の見果てぬ夢へ』せりか書房、二〇一〇年、二七ページ

第４章　「平成時代」のニュース

１　個人的な体験

ニュースの「現場」から

なぜ、ニュースをめぐることばはツマラナイのだろうか。[1] このツマラナさが、いかにも「平成的」である。本章で述べるのも、いままでと同じようにとても単純なことだ。そのうえで、このツマラナさについて考えることが逆に面白いのではないかと述べる。

もとよりニュースは、面白いか／面白くないかで判断される「べき」ではないのかもしれない。このように、すぐに「べき」を使ってしまうところに、この話題の厄介な性格があらわれている。ニュースを面白いか／面白くないかで判断してもいいではないかとは、なかなか言いにくい。ニュースは何かを人に伝える仕組みである以上、面白くてもふざけていても全くかまわないはずなのに、つい「べき」を使ってしまう。ここにツマラナさが端的にあらわれている。

――と、まさにこのように抽象的な「べき」論を積み重ねてしまえるところにこそ、ニュースをめぐることばのツマラナさが二重にかかってくる。書き手自身が、このツマラナさをめぐるツマラナイことばを延々と書き連ねているありさまに驚いてしまうほどだ。それほどまでにツマラナイ。では、このツマラナイ話題をどうすれば面白く書けるのか。そんな技法を持ち合わせているはずなどないのだが、一つだけ抜け出す方法があるとすれば、それは覗き見趣味に訴えることだろう。難しく言えば、俗情と結託することだろう。

だから、本章ではまず書き手がどのような体験をしてきたのかに触れ、そこからニュースをめぐることばのツマラナさをたどってみたい。書き手が注意しなければならないのは、このツマラナさがニュースそのものではない点だ。小泉劇場などと呼ばれた小泉純一郎の首相在任中はもちろん、政治家の人間関係にまつわるあれこれを面白おかしく報じる政局報道は、しばしば批判される理由は、ニュースは本来面白くあってはならないとする倫理的判断がはたらいているからだ。ニュースはまじめに政治の内容を伝えなければならないし、誰と誰の仲がいいとか悪いといった類の話はする「べき」ではない。だから、わざわざニュースが面白いか／面白くないかを論じてみても、それはやはり「べき」論に回収されてしまい、ツマラナくなってしまう。この理由を個人的な経験に即して解明してみたい。

個人的な体験を語れば、大阪のテレビ局（関西テレビ放送）で記者・ディレクターの仕事をした後、ほんのわずかな期間、「ニコニコ動画」（http://www.nicovideo.jp/）でも働いた。そんな肩書に基づいて、テレビやインターネットのニュースには詳しいといった顔をしてしまえばいいのかもしれない。三・一一と呼ばれる二〇一一年三月十一日の出来事やそれに続いた出来事などについて、あたかも現場の最前線で大活躍したかのように書いておけば事足りるのかもしれない。さらには、その当時のいくつかのエピソードについて、デリカシーが足りなかったとか倫理感が欠けていたといった形で「反省」しておきさえすれば、「マスコミ経験者」としての役割を果たしたことになるのかもしれない（もちろん、往時を知っている人たちに言わせれば、私にそのような話を語る資格も能力もないのだが）。

しかしながら私が考えたいのは、そのような思い出話がなぜツマラナイのかについてなのだ。ニュースにまつわることばは、様式美でもあるかのように「反省」から始まり教訓に終わる。何かを公に伝えるニュースは、権力をチェックしたり、社会の役に立ったりしなければならない。素朴にそう信じている人たちがかなりの数にのぼるから、誤報や虚偽は過剰に嫌悪される。もちろん、この嫌悪がすべて難癖だなどと難癖をつけるつもりはないけれども、それよりも、つまり大文字の事件や事故にまつわる一般的な「反省」よりも、おそらくはそこまで有名でもないような個人的なしかも十年近く前の体験を懺悔することで、このツマラナさを解明してみたい。それは、この解明が面白いと信じているからである。

2　ぼくの失敗

何をする「べき」だったのか

ここで取り上げる体験は二つある。両方とも「マスコミ人の思い上がり」と片付けてしまえばそれでおしまいなのかもしれない。ただ、ここで読まれるツマラナさにしばしお付き合いいただきたい。

　私が入社して初めて担当した「大きな」出来事は、二〇〇四年十月二十日に、台風二十三号が兵庫県豊岡市にもたらした水害であった。当日、和歌山市の海岸近くでの台風中継でアシスタント・ディレクターを担当していた私は、ずぶ濡れになった洋服を乾かす暇もないまま、帰宅するや否や呼び出され、翌日から「現場」に入った[2]。兵庫県北部に位置する豊岡市はその日、市内を流れる円山川の堤防が決壊、街一帯が水没し、八千世帯以上が浸水した。大雨などによる直接の死者はいなかったものの、市民生活は寸断された。

　この取材にまつわるいくつもの失敗を披瀝するべきなのかもしれないが、ここでは水浸しになったある家の男性から投げかけられたひと言を取り上げたい。

「自分らは、ちょっと来て、すぐ帰るから、今日明日取材ができればええんやろ。そやけど、わしらは、泥と匂いと、それから家をどうすんねんちゅう話を、ずっと考えなアカンのやぞ。せやから、

夕刊
讀賣新聞
発行所
読売新聞東京本社
第46190号
〒100-8055
東京都千代田区大手町1-7-1
電話 (03)3242-1111(代)
http://www.yomiuri.co.jp/
2004年(平成16年)10月22日 金曜日

図16
（出典：「読売新聞」2004年10月22日付）

自分らの取材には協力せえへんわ」

避難所となった小学校の体育館でそう言われた私は、二の句が継げなかった。

テレビを通じて台風中継を見ている人のほとんどは、クーラーが効いた涼しい部屋でビールをすすりながら、「大変だね〜」とのんきにつぶやいている。それは他人事でしかないし、他人事だからこそ、人々はテレビで見るのである。もし自らが当事者であれば、そもそもテレビを見る余裕などないし、あるいは家族や知人が巻き込まれていたとすれば、ニュースを通じて情報を集めるよりも先に、直接電話をかけずにはいられない。たとえ通話ができないとわかっていても、あるいは、メールが届かないと知っていても、否、知っているからこそ、何とか連絡を取ろうとする。確かに誰もが抱く心配事であり、心の底から家族や知人を気遣っているのだが、ただ他方で、安心への欲望でもある。災害報道が耳目を集めるのは、人の生死を心から純粋に懸念するからだろう。だが同時に、その感情は裏を返せば、何とかして安心したいという身勝手な欲求のあらわれでもある。

だから、私は水害の被害者から一過性をなじられたのである。なじった被害者もまた、自分が当事者だからこそ、マスコミに怒りをぶつけずにはいられなかったし、仮に彼や彼がつながりを持つ誰かが被害にあっていなければ、テレビの前で「大変やなー」とつぶやいていたに違いない。そのことを非難するつもりなど全くない。ニュースとは、あくまでもそのようなものでしかないし、そのようなものでなければ、日々の生活をどうやって過ごせるだろうか。世界の悲惨にいちいち心を痛め、わがこととして頭を悩ませていたら、日常を営むことなどできはしない。

私は、ここで自分の無神経さを悔いればいいのだろうか。「大変なところ申し訳ありませんが、取材にご協力いただけますか?」と聞く前に、「明日、家の片付けをお手伝いさせてくださいませんか?」とでも媚びておけばよかったのだろうか。そうやって被害者や弱者の心の琴線に触れて、信頼を勝ち取ってから取材のお願いをするべきだったのだろうか。あるいは、取材のルールとはそのようなものだったのだろうか。

まさしくこの「反省」がツマラナイ。「自らの至らなさを自覚していますよ」と言わんばかりのぶりっ子を演じたところで、何の解決にもならないのだが、しかし、おそらくはまずそうする「べき」だったのだろう。そして、この傾向は何もいまに始まったことではないようだ。つまり「平成」におけるニュースも、その本来の姿を示していただけであって、何ら特筆すべき点はないようにも思える。悪い子ぶるよりも、手と足を使って少しでも復興に貢献しておけばいい。もはや報道する側/される側をめぐる古典的な二分法(カメラはどちら側にあるのか)が成立しない以上、まずは体を動かせばいい。ニュースは「公」と「商売」のはかないバランスと循環のうえに成り立っているし、それを受け取る人々は、ほとんどの場合は他人事として受け取り、わが身に降りかかったときにしかリアリティーを持てない――そんな当たり前の仕組みを確認するだけで十分なのかもしれない。そして、どこにも「平成」ならではの特徴など見えないようにも思える。

しかしそうではないし、そこにこそ、こうしたことばのツマラナさの理由がある。

「被害者」とは誰か

もう一つ私の体験を披露しておこう。

豊岡での水害から半年後の二〇〇五年四月。現場を取材し、復興の現状を伝えた（つもりになった）私は、久々の休みをとる予定だった。そんな緩んだ気分で迎えた四月二十五日の朝、私が遭遇したのが、兵庫県尼崎市で起きたＪＲ西日本・福知山線の脱線・衝突事故だった。

尼崎手前のカーブを曲がりきれずマンションに激突したこの事故によって運転手を含む百八人がほぼ即死し、また、乗客五百五十人以上が重軽傷を負った。日本鉄道史上に残る惨劇である。私鉄との競争に勝つための過密ダイヤ、それに適応させるための運転手への過剰な教育といった、ＪＲ西日本の企業体質が厳しく問われた。同社は事故発生直後、救助活動が続いている最中に、わざわざ写真まで掲げて、何者かによる置き石が原因だとする記者会見を開いている。この責任逃れの体質がその後の厳しい追及を引き起こし、死亡した乗客の遺族を中心に怒りが渦巻いた。確かに、責任を認めない同社の姿勢は遺族感情を著しく逆撫でしたし、もちろん、事故を起こしたのは他でもない鉄道運行会社なのだから、「社会」からのバッシングが集中するのも当然の帰結だった。

けれども、当時私が担当していた負傷者、つまり電車に乗っていてけがをされ、そして生き残った方々からは、同社への厳しい非難の声はほとんど聞かれなかった。もちろんデスクからは、JRへの怒りの声を引き出せと指示された。ところが、彼ら／彼女ら乗客から絞り出されるのは、百八人もの人々が同じ電車に乗っていて死んだにもかかわらず、なぜ自分たちは生き延びてしまったのかという罪悪感ばかりだった。心理学でサバイバーズ・ギルトと言うその後ろめたさが乗客たちの口を重くさせ、容易には心を開いてくれなかった。

　そこで、当時取材が集中したのはまずは遺族であり、次にマンションの住民だった。いまから考えれば不思議なことだが、当時は現場となったためにゆくゆくは解体を余儀なくされるマンションの住民こそが、被害者の代表であるかのように報じられた。むろん、住民も被害者である点に疑いはない。しかしながら、命を失った人たちがいて、簡単には歩けなくなったり、体の器官を失ったりした人々がいるにもかかわらず、彼ら／彼女らを差し置いてまで報道すべきだったのだろうか。まさしくこの状況こそがニュー

朝日新聞
夕刊
JR脱線 37人死亡
尼崎、けが200人 マンションに激突
ダイヤ遅れ 速度上げる
速度・軌道、究明の焦点
現場、きついカーブ
ニッポン 人・脈・記
女が働く ①
憲法24条の志、映画に
広がるカンパの輪

図17
（出典：「朝日新聞」2005年４月25日付夕刊）

スらしさ、さらにはニュースをめぐることばのツマラナさを表しているのではないか。

結局は、他人事であればあるほど声が大きくなってしまう。その点で、台風被害と共通しているのである。台風被害を注視するのは、直接の当事者ではない人たちだと述べた。ＪＲの脱線事故のときも、その構図は同じだ。遺族は確かに当事者だし、マンションの住民も間違いなく被害者である。けれども、そういった立場にいる人たちが大声でＪＲ西日本に詰め寄れるのは、まずもってまだ生きていて、そして直接的な被害に苦しんでいないからである。露悪的に言えば、他人事だからこそ熱心に詰め寄るのである。台風と同じように、自分が本当の当事者であれば、責任を追及している余裕などどこにもないのではないか。

結果として、こうした責任追及の声の高まりによって、事故の原因となったとされる安全装置未整備を決めた時点の安全管理責任者だけが在宅のまま起訴されたが、無罪が確定した。また歴代・三人の社長が検察審査会の議決を受けて強制起訴されたものの、これもすべて無罪となった（現在も公判中）。司法制度の欠陥をいくつも指摘できるが、それよりも気になるのはこうしたことばの使い方であり、当事者でないからこそ声高に叫ばれる追及なのである。ここでその声を、北田暁大と長谷正人にならって「責任と正義」と名付けてみたい。そしてここにこそ、ニュースをめぐることばのツマラナさの原因がある。

3 「ニュースとは何か」とは何か

ニュースを値踏みする

さらに言えば、この「責任と正義」に基づくツマラナさは、もちろん私の個人的な体験だけにあらわれているものではない。「責任と正義」を最も発揮しやすいのは善悪がはっきりと分かれているときであり、それはたとえば企業不祥事や殺人事件の場合だ。「平成」における企業不祥事の数は確かに増えているが、しかし、それは不祥事そのものの単純な増加を示しているわけではない。コンプライアンス、クレーム、ハラスメント……いずれもカタカナのまま表記され続ける舶来モノの概念が増えるとともに、謝らなければならない事柄も増える一方だ。「昭和」であれば問題にならなかったばかりか、そもそも発覚さえしなかったことが、「責任と正義」に則ってどんどん透明になり公表されていく。企業はマニュアルに従って義務として公にしているにすぎず、市民的な公共性に目覚めたわけでも、倫理や道徳に目覚めたわけでもない。

こうなると、何がニュースなのかも揺らいでしまう。偽装表示もテレビ番組内での「ヤラセ」もいけない。もちろんいけないことに違いはないが、それを謝るかどうかは、また別の判断がありうる。「演出」だと強弁しても、許される場合があるかもしれない。にもかかわらず、とりあえず頭を下げる。それもカメラの前でわざわざ頭を下げる。そんな光景が日常になった。すると、この謝罪をニュースにしないわけにはいかない。ニュースの本質的な価値を見定める前に、ことばが独り歩きしてインフレを起こし、誰にも止められなくなる。しかし他方で、一つひとつのニュースの「賞味期限」は短くなる。殺人件数はどんどん減っていて、治安はさらによくなっているにもかかわらず、いや、治安がよくなっているからこそ、ひとつの事件が気になり、集中砲火が浴びせられる。と同時に、個々のニュースそれ自体の衝撃度は低くなっていき、報道される時間や期間は短くなる。排外主義の高まりの結果だとか不況によって世知辛くなった空気の反映だとか、いろいろと解釈はできるかもしれないが、この事態は端的にツマラナイ。誰かや何かを血祭りに上げてすぐに忘れる風潮を、ジャーナリストの武田徹は「殺して忘れる社会」と表し、そこに「殺すな、忘れるな、という想い」を込めた。だが、はたして「殺さず忘れない社会」は幸福なのだろうか。というよりも、そもそも「殺さず忘れない」ことなどできるのだろうか。本章で私自身の失敗を例にとりながら述べてきたように、当事者でなければ、災害や事故の衝撃を受け止めることなどできない。六十億人以上が生きる地球規模の話は別として、一億人を超える人々が暮らす日本語圏だけに限っても、日々、人は何らかの理由で死ぬし、けがをするし、悲惨な目に遭う。悲劇を、いちいちわがこととして嘆き悲しみ怒る余裕など、誰にあろうか。だから本来なら、それら一つひとつはすぐに忘れてしまえばいいし、そう言われる前に、ほとんどの人が「殺して忘れる」作法を身につけている。にもかかわらず、あえて「殺すな、忘れるな、という想い」を表明せざるをえないのは、「責任と正義」に巻き込まれているからである。それがいかにも「平成的」なツマラナさであり、このツマラナさが逆に面白い。

なぜ面白いのか。「殺して忘れる」作法は、ニュース本来の性質から言えば肯定されてしかる「べき」であるはずなのに、「平成」にいたって「責任と正義」が顕著になった。その逆説が面白いのである。では、この「ニュース」とはいったい何なのか。これを問える空間もまた「平成的」な面白さであって、ツマラナさではない。「責任と正義」に基づいてあらかじめ決められた定義よりも、もっと自由に素朴に考えてみたいし、それが許されるのもまた、いかにも「平成的」だと思える。つまり、一方では「責任と正義」に基づいた追及の声が高まっていながら、同時にもう一方では「ニュース」そのものへの即物的な欲望が高まっている。そのありさまが、いかにも「平成的」なのではないか。だから前者はツマラナイし、後者は面白い。さらにこの二つが両立しているありさまが面白い。それが本章で述べている面白さにほかならない。

その「ニュース」を決めるのは誰か

「平成」に限らず、日本映画史上最大のヒットシリーズ『踊る大捜査線』(フジテレビ、一九九七年)のテレビシリーズで、主人公の相手役・恩田すみれ(深津絵里)が「事件に大きいも小さいもない」と言う。主人公・青島俊作(織田裕二)による「事件は会議室で起きてるんじゃない！　現場で起きてるんだ！」と並んでファンに愛されるこの台詞は、しばしばニュースにも当てはまると言われる。規模の大きさによって差別してはいけない。その理想は確かに正しい。けれども、あくまでも事件の大小や軽重をもとに判断するのが普通だからこそ、この台詞があえて価値紊乱的に語られるのである。少なくともニュースの「現場」では、そんなことは本気で信じられてなどいないし、それはあらためて断るまでもない。

ただ、「平成」における「責任と正義」は、こうした声を本気（と書いて「マジ」と読む）で捉えてしまっているのではないか。

少しでも大きな出来事に関わりたい――それがニュースの「現場」にいる者の願いだ。経済の担当なら大企業の社長に会ったり、その企業にまつわるスクープをとったりしたい。政治記者であれば、政権与党の重鎮とねんごろになって重要な機密を知りたい。社会部にいれば、警察や検察がオープンにしていない捜査情報を早めにものにしたい。これらは「知る」ことそのものへの快楽であり、他人が知らない情報を自分が得た優越感に浸りたいという素朴な欲求であって、決して否定される「べき」ではない。何かや誰かへの素直な好奇心に駆られて取材するのがニュースの基本だからだ。

あけすけな欲望が受け手にもあるからこそ、ニュースは「売れる」。家族の秘密や近所のうわさ話、会社の人事情報――そういったものへの下世話な好奇心の延長線上に芸能人の恋愛話があり、事件や事故を描いた記事が「売れる」。「知りたい」という単純な欲望は、程度の差こそあれ、誰もが持っている。より正確に言えば、欲望を持つことへの欲望を駆り立てる装置として新聞があり、ラジオがあり、テレビがあり、いまではインターネットがある。しかもほとんどの場合、ニュースに触れる経験はきわめて個人的な場面に限られる。みんなで新聞を一緒に読むといった牧歌的な光景がどこかの会社の片隅で繰り広げられていたのは、もう遠い昔の思い出にすぎないし、しばしば神話的に語られる街頭テレビの経験も、歴史の教科書に名をとどめる程度だ。いまやスマートフォンの小さな画面をひとり寂しく見つめるのが、ニュースに触れる最も象徴的な姿だ。情報に接する状況は、極小化されている。

その極小化した場面で目にするのは、言ってみれば、誰かのうわさ話だ。私も記者になったとき、5W1Hを書くように叩き込まれた（ことにしておく）が、いつどこで誰が何をなぜ、どのようにしたのか。それは自然現象の説明でも芸術の鑑賞でもないし、むろん学問の論述でもない。「誰が」が入っていない限り、「ニュース」にはならない。太平洋の大海原の片隅で小さな魚が産卵したとしても、それを見つけ、そこに価値を見いださなければ、誰の耳にも目にも届かないのである。その意味で、ニュースとはまさしく、この世の中のさまざまな場所で起きた事柄のなかで注目を集めるに十分な「新しい」出来事にほかならない。この点で、ニュースは「公」に即した重要な役割を担っているとも言える。そして、この役割を担保しているのは、実は何かを「ニュース」として報じる判断力なのである。

いつどこで誰が何をなぜ、どのようにして「ニュース」だと決めるのだろうか。たとえば、けさ、国会で、総理大臣が、消費税の増税を、経済状況の悪化を理由に、取りやめにした。5W1Hが揃っていて、「ニュース」としての報道に何ら違和感はない。では、おとといの夜、兵庫県豊岡市の市道で、犬が、猫を、魚の取り合いを理由に、一時間追いかけ回していたとしよう。確かに、いつ、どこで、誰が、何を、なぜ、どのようにしたのかという5W1Hは整っている。これをほのぼのとした暇ネタとして報じるのか、あるいは何の興味もないくだらない出来事としてやり過ごすのかは、まず記者が決めるし、次にデスクと呼ばれるニュースの責任者が決める。最終的には報道部長や報道局長、担当役員、あるいは社長が決める場合もあるかもしれない。そうした内輪のあれこれについて面白おかしく書いた本がときどき出版され、それなりの読者を得ているようだ。最近でも、NHKを退職した今井彰が薬害エイズ事件に関する経緯を小説仕立てにして暴露していたが(4)、ほかのさまざまな業界への関心よりも、「メディア」という媒介それ自体の内幕を覗き見たいという好奇心は強い。これは先述したような素朴な欲求と幼稚な欲望に基づいている。知りたい――ただそれだけであり、その「知りたい」という要求に応えている人々の思惑を知りたいからこそ、メディア業界の裏話は売れる。

より正確に言えば、これは仕組みや「真相」への欲望にほかならない。ニュースを作る経路、あるいは、特定のニュースの何が報じられたり報じられなかったりしたのかといった、陰謀論めいた「真相」が知りたいのだ。ニュースを報じている側の仕組みを知れば、自らの周りの人たちだけでなく、報道側に身を置く人々よりもより多く知っているレベルに達することができるし、どこかにある本当の真実＝「真相」を知っている少数者としての優越感に浸れる。二〇〇四年に休刊した雑誌が「噂の真相」（噂の真相、一九七八―二〇〇四年）と題されていたのは、こうした欲望に最もストレートに応えていたからだ。「噂」も知りたいが、その「真相」をもっと知りたい。一般的なニュースではわからないが、少なくとも周辺にいる人たちよりも自分（だけ）は知っている――そうした欲望である。

繰り返すが、こんな欲望は一部の人だけのものではないし、ここ最近の堕落した現象でもない。ベネディクト・アンダーソンの卓抜なキャッチコピーを借りれば、新聞は「一日だけのベストセラー」なのだ。あるいは日本でも、安政大地震や戊辰戦争、西南戦争から日清・日露戦争にいたる時間の経過のなかで、「大小さまざまな物語において語られる「事件」としての災害や、内戦から国家の戦いへと制度化していく戦争とが、共通にまなざされることで情報世界につくりあげた関心の構造」[5]が存在した。これはニュースなるものが、その誕生から商品としての性格を隠さなかった証左である。

さまざまな出来事を人々に知らせると同時に、商品として売れ続けること。これはどちらかが先に立つものではなく、常に循環し続ける。大衆の欲望に沿う情報をいつまでも絶えることなく紡ぎ続ける[6]。

結局のところ、売れるネタしか「ニュース」にはならないし、いくら「公」を言い張ってみても、商売として成り立たなければ続かない。ある種の「趣味」として「公」を担う気概を持ち、「売れなくてもいい」、あるいは、「売れないからこそ正しいのだ」と強弁できたとしても、現在ではそれが強がりにしか聞こえないほど、商業化された環境でしか情報を受け取れない。

むろん、私はこんな小難しいことをいつも考えながら記者やディレクターをしていたわけではない。日々の仕事をこなすのに精いっぱいだったし、他社に抜かれないように、あるいは少しでも追いつくように、青息吐息でついていくのが精いっぱいだった。そんな私がエラそうに説教を垂れていると、往時を知る人たちは笑うだろう。だからといって、中島みゆきの「ファイト」よろしく、自分を鼓舞したいわけではない。

そんな言い訳ではなく、ここでは先に述べたように、「ニュース」への信頼を担保しているのはその現場で働く人々の判断力だと指摘したいのである。「犬が人を噛んでもニュースにならないが、人が犬を噛んだらニュースになる」という比喩に明らかなように、星の数ほど飛び込んでくる情報を選別する能力こそが、「ニュース」らしさを保証しているのである。道端に花が咲いただけでは報道する価値はないが、その花の種を植えたのがその道端で起きた交通事故の遺族であったとすればニュースになる。その区別の積み重ねが「ニュース」を見る者を安心させ「ニュース」を見ている気分に浸らせる。だからこそ、見る側や読む側は「ニュース」を「ニュース」として受け取るのであり、その事実の蓄積がさらに「ニュース」としての信頼性を担保していくのである。

４　誰が「殺して忘れる」のか

「平成」の「ニュース」はどこにある？

では、素朴な欲望に基づく単純な循環構造にある「ニュース」は、いつから「責任と正義」にまみれてツマラナくなってしまったのだろうか。と同時に、いつから「殺して忘れる」ほど、即物的な欲求が高まってしまったのだろうか。

この経緯を見るために、「平成」に年号が変わってから、「ニュース」として取り上げられた出来事を振り返ってみよう。その前に、既に本書第２章で取り上げた「平成史」との違いについて断っておきたい。

第2章では、「平成」そのものを歴史として記述しようとすると物事のフラットな羅列になってしまうのに対して、「平成」では、歴史にまつわることばが過剰に交わされたさまを指摘した。歴史のひとこまとして捉えること＝歴史化ができない出来事の山が積もる様子が、いかにも「平成的」だと述べた。「平成」そのものを歴史として捉えられないのは、単に私たちがその渦中にいるからではなく、ダラダラと並べるしかないありさまが「平成的」だと名付けた。「平成史」がそのようなものだとすれば、「平成」における「ニュース」もまた同じなのだろうか。だとすれば、わざわざ「平成史」と「平成」の「ニュース」を分けて論じる必要などないのではないか。

そうではない。

小熊英二が試みたように、「平成史」として書き記す営みは、その渦中にいながら、あえて大きな時の流れのなかで時代を区切るストックにほかならない。これに対して、既に述べているように、ニュースは日々の新しいフローであって、蓄積されない。また、一方では「殺して忘れる」ものでありながら、同時にもう一方で「責任と正義」に巻き込まれるのである。流れ去ってしまうがゆえに、あえてせきとめる「正しい」語り方を誘ってしまうもの――それが「ニュース」にほかならない。

だから、「平成」における「ニュース」を語った人は記憶されない。たとえば、取り憑かれたように見入った昭和天皇死去報道や、宮﨑勤元死刑囚による連続幼女暴行殺人事件を報じたキャスターの顔や声や内容を、何か少しでも覚えているだろうか。あるいは、阪神・淡路大震災による被災を悲しみ、オウム真理教事件で教団を糾弾していた記事を覚えているだろうか。ニュースは本来その程度のものにすぎないし、繰り返しになるが、そのぐらいにとどめておかなければ、とても日常を過ごすことなどできないのだ。

もちろん、通俗的な理解に従って、「昭和」から「平成」への変わり目は大事件の連続だったと述べてもかまわないだろう。

たとえば、今日にいたってもなお収束しない政局の混迷、あるいは政治不信の発端となったリクルート事件は、一九八八年＝昭和六十三年六月十八日付の「朝日新聞」朝刊（「「リクルート」川崎市誘致時　助役が関連株取得」）から始まり、翌八九年＝平成元年二月十三日の江副浩正氏の逮捕でひとつの頂点を迎える。あるいは、東京都足立区綾瀬で起きた女子高生コンクリート詰め殺人事件は、八八年十一月二十五日に始まり、翌年一月四日に殺害、三月末に事件が明るみに出た。この事件を猟奇的な、あるいは動機が不可解な事件の先駆けと捉えてもかまわないだろう。

また、消費税法案が成立を見たのは予算案原案表示当日の一九八八年十二月二十四日であり、同法の施行は翌年四月一日だった。さらに、八六年に当時のソビエト連邦で起きたチェルノブイリ原子力発電所事故以降、急速な高まりを見せていた脱原発運動は、八八年四月二十四日の二万人集会でピークを迎える。同時に、原発推進側も同年四月に大手広告代理店電通がＰＲ企画本部を設置し、翌月には当時の通産省が原子力広報推進本部を設けるなどで対抗し、平成元年度予算では、関連する広報費が前年度の倍の七十億円まで増額された。これを、今日にいたる原子力発電所をめぐる混迷の端緒と論じてもかまわないかもしれない。

もちろん、混乱や大事件は日本に限った事態ではなく、一九八九年六月には中国で第二次天安門事件が起き、十一月にはベルリンの壁の撤去が始まり、十二月にはアメリカとソ連の間で冷戦の終わりが告げられ、ルーマニアではチャウシェスク政権が倒れた。世界の歴史が動きだしていた。「昭和」から「平成」へ、その時代の精神の変化を表すかのような、もっと正確に言えば、いまから見ればそうとしか受け取れないようなさまざまな出来事が、この二つの元号をまたいで起きていたと言えるかもしれない。

しかし、はたしてことはそれほど簡単なのだろうか。あらためて本書の立場を確認しておけば、「平成」とは、時代を刻み付けるような大事件がいくつも起きていたにもかかわらず、それらが時代区分としてははっきりと認識されないところにこそ、その特徴があるのだ。「バブル崩壊」と「失われた十年」、そして「平成不況」がどれも決め手を欠くのと同様、「平成」という時代を代表するべき事件や事故、出来事があまた起きているにもかかわらず、どれひとつとして「平成」を語れない。

たとえば、阪神・淡路大震災とオウム真理教事件が起きた年を一九九五年と認識していたとしても、それを平成七年の出来事としては思い出さない。この年は戦後五十年の節目でもあったために、「一九九五」という数字が強調され、印象に残っているが、それ以降は西暦でも思い出せない。神戸市須磨区で起きた児童殺傷事件、通称・酒鬼薔薇聖斗事件はその二年後の九七年に起きている。だがこれについても、凄惨さや残虐さは思い出せても、起きた年そのものの記憶はよみがえらない。この出来事をきっかけに盛んに喧伝された「十四歳の心の闇」、あるいは、前後して社会問題化していたブルセラや援助交際といった女子高生の性についての話題もまた、「平成」何年に起きたのかはおろか、西暦何年のことなのか、さらにはその時系列も全く定かではない。

さらにその翌年、一九九八年には和歌山毒入りカレー事件、二〇〇一年には大阪教育大学附属池田小学校での児童殺傷事件と凶悪犯罪が続き、「共同体の崩壊」や「道徳・倫理の失墜」、「犯罪動機の不透明化」ないしは「凶悪犯罪の低年齢化」が叫ばれたが、既に多くの論者が指摘しているように、それは事実ではない。ただ、いまにいたるまで、事件が起きるたびにその動機や背景を何とか言い当てようとするいじましい解釈ゲームが続けられる、その端緒はこのあたりにある。(7)「殺して忘れる」理由のひとつには、こうした事件の洪水が挙げられるかもしれない。大事件や大事故が多発していたためにそれに慣れてしまい、次々と処理するために「殺して忘れる」のだと、ひとまずは言えるかもしれない。けれどもそれだけでは「平成的」な「責任と正義」の説明にはならないし、ツマラナさを解明するにはほど遠い。

大きな出来事が次から次へと起きていればニュースは常に面白いはずだし、実際、オウム真理教事件でも東日本大震災でも、テレビにかじりついていたではないか。そこには、「知りたい」という欲求が臆面もなくさらけ出されていたではないか。だとすれば、「責任と正義」など影も形もなく、ただひたすら面白がって消費していたのではないか。

そうではない。

私自身、山のように経験があるが、何かの事件が起きると、必ずその地域に住む人たちに感想を聞く。それが何のためなのか、当時はわからなかったけれども、いまならわかる。安心したいのである。聞くほうも聞かれるほうも、「自分（たち）が被害者でも加害者でもなかった」そのことに安堵したいのである。犯人が捕まっていなければ「早く捕まってほしいですね」と口にする。というよりも、そう口にするしかない。「捕まらなくてもいいです」とは言えないし、あるいは「ひょっとしたら私も、加害者側に回っていたかもしれません」などとは、口が裂けても言えるはずがない。自分（たち）は無垢な被害者の候補にすぎないし、「早く捕まってほしい」という言明は、「犯人が捕まりさえすればいい」に容易に転換する。それこそが「責任と正義」のことばにほかならない。被害者は絶対的に正しく、加害者は徹底的に間違っている。この信仰が、「責任と正義」にほかならない。だから、「平成」での「ニュース」をめぐることばはツマラナイのである。事件や事故、災害といった非日常的な出来事への恐怖や怒りや戸惑いの対偶には、恐さや憤激や困惑を呼び起こさないものこそが、自分たちの日常の正しさや平々凡々としたかけがえのなさだという意識がある。

普段の自らの営みに何ら恥じるところがなければ、後ろめたい部分もない。他人に誇るほど大層なものではないかもしれないが、かといって卑下するものでもない。そんなささやかな自負によって、日々の生活は支えられている。

だからこそ、誰かのうわさ話を「知りたい」のである。出版不況が喧伝されながら、週刊誌が史上最高の売り上げを記録したのが一九九六年であり、テレビのワイドショーが最も見られたのも、ほぼ同時期の九五年だった。そこではたとえば、災害からの復興の地域格差、カルト宗教に救いを求める若者や性の商品化に走る女子高生といったニュースがあふれていて、私たちはそのニュースを知りたいと願った。八〇年代を代表するコピー「欲しいものが欲しい」は、「欲しいもの」、つまり既にある欲望の対象としてのブランド品などを求める即物的な表現だった。そして同時に、それは自分の欲望それ自体を求める哲学的な言い回しでもあった。どちらの場合も、欲望を素直に肯定していた。それに比べると、「平成」での「ニュース」への欲求はかなり異なる。「欲しいものが欲しい」というコピーが「ニュース」を求める一般的な欲望を表しているとすれば、それは現状をありのまま認める「である」論だ。これに対して、「責任と正義」のことばは、既に認められた決まりや断りに従う点で「べき」論だ。これを古典的なメディアの図式にあてはめると、前者は「売れる」ことを、後者は「公」を目指している。そしてこの両者は循環している。それだけなら、何ら驚くに値しないし、「平成」らしい特質などどこにもない。

そうではなく、「である」を「べき」によって化粧した点にこそ「平成」における「ニュース」の性格があらわれているのであり、それを本章では「責任と正義」と呼んだのである。だからこそ、わざわざ十年前の「ぼくの失敗」を取り上げてみたのである。

「いろいろあったけど、いまがいちばんよね」とつぶやいて胸をなで下ろす、恐るべき現状肯定への欲動は、たとえば、海外旅行から帰国したときの空港でのことばと酷似している。「やっぱり日本がいちばんよね。安全だし、水道水も飲めるし、何より日本語が通じるしね」というわけだ。そこには、日常の慣れへの絶対的な肯定が横たわる。すでに指摘したように、「昭和」から「平成」への時代の移り変わりは、同時に政治でも経済でも事件でもそして世界情勢でも大きな変化があった。そうした変化は、人々を不安にさせる。その不安の高まりは「知りたい」という欲求を強く呼び起こすとともに、現状を肯定したいという願いも強くする。だからこそ、事件や事故、災害のたびに、あくまでも他人事として好奇の目を向ける視線が強くなるのだ。それは何も、「昭和」から「平成」に限った事態ではない。その点についても、既に述べた。

にもかかわらず、「平成」における「ニュース」のことばをめぐるツマラナさがあるとすれば、それこそが「責任と正義」なのである。

援助交際を例にとれば、娘が知らない男にパンツを売ったり、春をひさいだりしているかもしれないのに、自分が買春する後ろめたさは覚えない。そんな他人事としての感覚がなければ、あれほどまで社会問題にはならなかっただろうし、同時に、他人事だからこそ、つまり、自分の娘ではないことを確かめたいがために、面白おかしく報道される週刊誌やテレビに見入ったのである。これはあくまでも他人事だからこそできる振る舞いであり、それほどまでに「ニュース」のことばは浮遊していたのである。しかもそこでは、あくまでも教条主義的に、つまり、女子高生たちに対してお説教をするのがデフォルトとなっていた。これこそがまさしく、「責任と正義」という「べき」論の仮面によって事実を塗り固めていた仕組みにほかならない。だからこそ、ニュースをめぐることばはツマラナイのである。

さらに厄介なのは、ソーシャルメディアの発達とともに、自らがメディアになる欲望が付け加わっている点だろう。自分が「ニュース」を発信する主体となることへの欲望だ。ただ、それもまた、「他人事」と「責任と正義」のバリエーションのひとつにすぎない。「ニュース」といえるレベルの情報を提供するには、既に述べたように、何が「ニュース」なのかを判断する力が不可欠だし、また、その積み重ねこそが「ニュース」への信頼を作り上げている。そうした状況では、「ニュース」

の生産現場に携わっていない人々ができるのはせいぜい「コメント」にとどまるし、だからこそ、激しい表現や過剰なこだわりを見せることによって注目を集めようとする。これは情報発信そのものへの欲求というよりも、「私を見て」といういじましい叫びであり、自分を認めてもらいたいという自己承認への願いであり、つまるところ、自分の現状を肯定してほしいという、「ニュース」が持つ本源的な機能にほかならない。

ただ、ここでも繰り返すように、そうしたことばはあたかも「公」に向けられているかのように、たとえば反原発や脱原発を主張する人たちのことばのように、「責任と正義」を装っている点でいかにも「平成的」なのである。それがツマラナイのであり、さらに言えば、このツマラナさこそが面白いのである。

震災や原発事故といった非日常体験は現状の否定であり、自分たちの慎ましい日々に大きな亀裂を入れる。だから、提供される「ニュース」を他人事として、自分たちの現状を肯定するために消費しようとする。そこでは「現状の否定」の「否定」として、つまり原発事故への「否定」のパターンとして、一方では原発自体を認めない態度に走り、他方では原発事故を認めない姿勢を取る。その意味でともに「現状の否定」の「否定」によって日常を肯定しようとしているのだ。しかもその両者が「責任と正義」を振りかざしている点で、いかにも「平成」らしい。自分たちの現状を肯定する、その素直な欲望だけに基づくのであれば、いちいち「公」を持ち出す言い訳はいらない。ところが、現状はそのように素朴には断言できなくなった。このもどかしさが、いかにも「平成的」なのではないか。

我を忘れて、時間を忘れて「ニュース」を貪ってしまうのは、端的にそれが面白いからではないか。にもかかわらず、それを面白いと言う「べき」ではないと思わずにはいられない。その原因が「責任と正義」の跋扈であり、ニュースをめぐることばのツマラナさにほかならない。だからこそ、このツマラナさについて考えることは、逆に面白い。あれほどまでに見入ってしまうニュースの面白さを、ことばにしようとした途端にツマラナくなってしまう。そこにこそ、「平成的」な面白さがあるのではないか。

だとすれば、本書はついに最後の問いにたどり着ける。

こうした「責任と正義」を振りかざすことばとして、本書もまたその末端に位置する「批評」と呼ばれる営みは、「平成」ではどのようなものだったのかという問いである。

素朴には断言できなくなったもどかしさは、では、どのように表現すべきなのだろうか。次章ではその問いに答えよう。

注

（1）この「ツマラナイ」という書き方は無意識に使っていたが、ひょっとすると大塚英志が前掲『サブカルチャー文学論』で中上健次『南回帰船』（角川学芸出版、二〇〇五年）について使った「つまらない」という評に影響されているのかもしれない。

（2）実はこの間に大失態を演じているが、それはまた別の話だ。

(3) 武田徹『殺して忘れる社会――ゼロ年代「高度情報化」のジレンマ』河出書房新社、二〇一〇年、二二ページ
(4) 今井彰『赤い追跡者』新潮社、二〇一三年
(5) 佐藤健二「ニュースという物語」「ニュースの誕生――かわら版と新聞錦絵の情報世界」(http://www.um.u-tokyo.ac.jp/publish_db/1999news/04/404/0404.html)［最終アクセス二〇一四年四月五日］
(6) 遠藤知巳「メディアを遊ぶ人びと」、樺山紘一編『新・社会人の基礎知識101』(New basic knowledge about society) 所収、新書館、二〇〇〇年
(7) 佐藤俊樹「事件を語る現代――解釈と解釈ゲームの交錯から」、大澤真幸編『アキハバラ発〈〇〇年代〉への問い』所収、岩波書店、二〇〇八年

第5章 「平成批評」の諸問題

1 そのことばは誰のために費やされるのか

批評とはレビューである

「平成」をめぐることばの積み重ねは、はたして誰に向けられているのだろうか。いや、そんな自問は、もはや不用にして不毛なのかもしれない。前章では、「責任と正義」の空間こそ、「平成」の「ニュース」のツマラナさを象徴する標語だと決め付けたが、では、この断定も含めたさまざまなことばは、誰が求めているのだろうか。

本書第1章末尾で、「平成」における経済にまつわることばの「不況」を取り出した。続く第2章では、「平成」を歴史として捉える不可能性と軌を一にした歴史語りのインフレ、つまり「歴史の過剰」を指摘した。第3章では、特定の小説＝文学によって時代を代表できない時空間こそ、「平成」的だと説いた。経済に関する表現や歴史意識、あるいは「文学」といった、いくつかの領域での不発や印象の薄さだけをもって、「平成的」と言うのは乱暴だろう。けれども、こうした粗暴な行為にあえて踏み出したときに見える風景を頭ごなしに否定するのではなく、まずは受け入れ、そして可能性を抽出したい。それが本書の試みだった。

では、そうした意図とともに綴られてきたはずの、本書を含めた「平成」におけることば、何かについてのことばは、どのような性格を持っているのだろうか。それが本章の問いにほかならない。「平成」におけることばについては、既に第３章で紙幅を費やして検討してきたが、しかし、それは文学の特権性に依存した振る舞いだったし、また、その特権性に寄りかかれないありさまも含めた態度それ自体が、「平成」を表していると考えた試みであった。本章では、そこで交わされることばの特徴をより広く取り出してみたい。また前章では、「ニュース」という何らかの出来事に際してのことばの動きの特質を「責任と正義」だと捉えたのに対して、本章では、ことばが描く全体と局域の、一見すると逆方向の運動をまとめて、まずは「批評」という標語でくくってみたい。

では、批評とは何か。

「何も、誰もが小難しい理屈をこねてなどいない」――そんな反論や反発や嫌悪感が、すぐにどこからともなく返ってきそうだが、まさにこのように感じてしまう空気こそ、「平成的」なことばにほかならない。たとえば、マキタスポーツこと槙田雄司の卓抜なお笑い論のとおり、『一億総ツッコミ時代』[1]と表現してもかまわない。さらには槙田を受けて太田省一がまとめるように、ツッコミは「笑う社会」でのお約束ではなく、それそのものが「ただ批判するため安易に用いられることも起こる。過剰な拡大適用によってツッコミがインフレ化する」[2]。そんな時代のことばは、常にどこかの誰かからのツッコミを警戒しなければならない。では、その「どこかの誰か」とは、いったいどこの誰なのだろうか。その人々を端的にイメージしやすいのは、「Amazon」(http://www.amazon.co.jp/) の「レビュー」だろう。

あくまでも匿名でありながら、しかし、何となく真実を言い当てているような気分にさせる。かといって、心底信じきっているわけではない。ひと昔前の情報化社会論であれば、インターネットでの市民(シチズン)の可能性が「ネチズン」などと持ち上げられたのかもしれないが、いまでは、そんなふうに論じる素朴さを論じる側さえ持ち合わせていない。あるときは集合知としてもてはやされ、別の場面では足の引っ張り合いに堕落する。単なる感想のようでありながら、他方で、それなりに調べているときもあり、その差は、一度見ただけでは簡単には判別できない。言わずにいられない怒りや喜びを込めた文章のときもあれば、冷静に比較検討している者もいる。さらには、同じ「レビュワー」が難癖ばかりつけているかと思えば、唐突に褒めたたえるときもあるといったように、ある特定の人格への信用さえ担保されない。そんな気まぐれな空気が、空気のままどこからともなく漂い、そしていつの間にか消えていくなかで、ことばはぼんやりと積み上げられる。時折、誰かが「まとめサイト」のように集めてはみるものの、そこに統一性は見られない。何かについてひと言口にせずにはいられない「どこかの誰か」のことばは、浪費や無為といった倦怠さえ伴わず、ただ浮遊している。

レビューと批評

　では、その「どこかの誰か」が吐き出した「レビュー」は批評なのだろうか。そんなに堅苦しいのだろうか。いや、「堅苦しい」と捉えてしまう視線は、既に批評の輝ける時代を前提に置いてしまっている。おそらくは、「広告批評」（マドラ出版、一九七九―二〇〇九年）が雑誌として登場したときにはまだ通用したに違いない「批評」への憧れ、そしてそれと裏腹の居心地の悪さは、もはやとうの昔に消え去っている。ある商品を売るための副産物、余計な存在だと侮蔑されながらも、いたるところに溶け込んでいる広告をあえて生真面目に「批評」する「広告批評」。その価値紊乱めいた振る舞いがそれなりに支持されたのは、日本の一九八〇年代以降に限られた事態ではない。衣料品ブランド、ベネトンを舞台にいくつかの論争含みの作品を世に問うたイタリア人オリビエーロ・トスカーニが、その著作のタイトルを『広告は私たちに微笑みかける死体』（岡元麻理恵訳、紀伊國屋書店、一九九七年）として挑発した時点では、メディアが遍在する世界の楽しさを逆手にとった「社会派」のメッセージは、難なく流通していた。広告からその当時の世の中の雰囲気を読み取ったり、あるいは広告それ自体を解読してみせたりする営みは、「批評」という名前で呼ばれるにふさわしかった。「ふさわしい」などといかめしい表現を借りなくても、「広告批評」と言えば、誰が、どんな顔で、どのような文体を使って、何を書いているのか、なんとなく了解されてしまう空間が共有されていた。便宜上、批評を定義しておけば、それは「作品」と呼ばれるに値する何らかのもの（その多くは芸術だが）にまつわる、歴史の検討を含めた真剣なことばの連なりにほかならない。そんな批評への共通の思いを抱いていた時代が、かつて確かにあったはずだ。そう思わせるのに十分なのが、「広告批評」という雑誌の存在だ。

翻って「平成」も二十五年の世になると、「広告批評」は既になく、いかにも情報化社会にふさわしそうな「ゲーム批評」も「パソコン批評」も姿を消し、書店で見かけるのは、「ジャズ批評」と「家電批評」に限られる。特定のモノの宣伝と販売に向けて、はっきりと目的を定められた広告を批評する――そんな常識の転倒はもはや必要ない。ジャズと家電に対する「批評」とは、それぞれがいかにすぐれているのか、ないしは何を買えば得をするのか、あるいはもっと下品に言えば、どれを買わなければ損をしないのかといった防衛反応に由来する。「批評」が「広告」に成り代わっているのである。流行だから買うのでも、見栄のために手元に置いておくのでもない。「買いたい!」といった、剝き出しの欲望のまま店に走るわけもない。まずはネット〈ほとんどの場合は「価格.com」〔http://kakaku.com/〕を叩くだろう〉に掲載されている、どこの誰かわからないコメントを一通り「チェック」したうえで、マイナスの評価や評判があれば、それには手を出さない。積極的な購入の動機ももちろんあるかもしれないが、しかし、その衝動や必要があればあるほど、ツッコミに気を配ってしまうし、さらには、そのツッコミも、「ただ批判するため安易に用いられる」ので、素朴には信じられない。ステマと呼ばれる広告手法への過剰な嫌悪は、ツッコミのインフレと同じメンタリティーを反映している。純粋な陰謀論には傾けないものの、だからといって、素直に宣伝文句を信じたくはない。その警戒心がステマを呪詛する。絶対に信じられる権威はないものの、かといって、自分だけの感覚に頼るのも心もとないのだ。むろん、情報の氾濫もその一因であるが、この状況を安易に「情報化社会」と捉えてしまう薄っぺらさも含めたありさまが、「平成的」なのではないか。

だから、「レビュー」こそが「平成」の批評にほかならない。

そのことばは、「どこかの誰か」が「どこかの誰か」に向けた、発信元も宛先もよくわからないものとして漂っている。意外なことに、丸山眞男がジョン・スチュワート・ミルいわくとして述べた教養人の定義（「すべてについて何事かを知り、何事かについてはすべてを知る人間」）と通底する。そして竹内洋は、ミル由来だと丸山が断ったこの台詞もまた、実は、既に「どこかの誰か」によって語り継がれてきた可能性を示唆している。[3]「すべてについて何事かを知る」態度は、それだけでは軽薄の誇りを免れない。「何事かについてはすべてを知る」、すなわち専門家としての立場ではじめて、「すべてについて何事かを知る」振る舞いが許されるのであって、どちらか半分だけにとどまるとすれば、それこそ半可通でしかない。ただ急いで断らなければならないのは、「半可通でしかない」と見る視点が、既に「通」の権威や輝きを前提にしている時点で「平成的」ではなく、「広告批評」が評価された時代の遺物でしかない。また、「でしかない」とツッコミを挟まずにはいられない感覚こそ、「平成」的なのである。そして、そのツッコミ、さらにはツッコミをも相対化せずにはいられないことばこそ、「平成」の批評にほかならない。

2 「浅さ」と「深さ」の間で

誰が批評を読むのか

すると、「何とも味気なく殺伐とした荒野が広がるばかりではないか」、そう思われるかもしれない。前章で論じたニュースのなかのことばは「知りたい」欲望から始まり、「平成」にあっては「責任と正義」による変容を特徴としていた。これに対し、批評のことばは、何らかの「作品」に向けた真摯な視線に端を発しながら、あるいは、であるがゆえに、ツッコミへの警戒に彩られている。何度も性懲りもなく断ってきたように、本書ではそうした現状を否定するつもりなど全くないし、あえて肯定もしている。その理由は、批評であれば、ツッコミを含めたコミュニケーションの総体に身をさらしている感覚の楽しさを思い浮かべればわかる。義務感にせきたてられて「レビュー」を「チェック」するというよりも、もともと批評は、何かの作品や商品に対するまなざしや欲求を抱いている以上、そこには端的に快楽の源泉がある。もちろん、「どこかの誰か」がいろいろな蘊蓄を傾けているさまを見たり、ときには自分も参加したりするのは、疲れを引き寄せる面倒な風習かもしれない。それでも、「ネットサーフィン」なる死語に象徴される、乗りこなしていく感覚それ自体は、決して不快ではない。

だから、「平成」の批評、そのことばの集まりをどこか浅いと感じてしまうとすれば、それは、逆に深さを前提に置いているからにほかならない。「広告批評」が耳目を集めた時代には、批評は輝いていたからこそ「堅苦しい」と捉えてしまうと述べた。このように、「平成」における批評の浅薄さを見るその目つきもまた、いつかどこかにあったはずの深度を基準にしている。「批評」が「広告」であってはいけないといった決まりなど、どこにもない——そう居直っても許されるだろう。他方で、正統派、正典、古典といったお墨付きを得ていた作品群はいまも何となく想定されているのだろうし、だからこそ、たとえば、「BRUTUS」（マガジンハウス、一九八〇年—）や「FRaU」（講談社、一九九一年—）といった若者（?）向け雑誌では、思い出したように読書特集が組まれ、作家や俳優や女優、映画監督や脚本家、モデルやアイドルの「オススメ」の本が並べられるのだ。あるいは、映画の広告には、ラジオパーソナリティーから弁護士、医者にいたるまで、さまざまなジャンルの有名人が「コメント」を寄せて「オススメ」しているし、電化製品はおろかスーパーマーケットの食材さえ、「店員のオススメ」のタグが付けられる始末だ。目利きやその分野に通じた「どこかの誰か」が、「これを買えば損はしません」と保証してくれるそのことばの集積に、私たちはひとまず身を預け、何気なく眺める心地よさも感じている。

「オレオレ批評」と「メタメタ批評」

こうした態度を堕落や弛緩だと批判してもかまわないだろう。というよりも、「批評」を標榜することばは、いままでも、いまも、そしてこれからも、常に「これまでの批評はダメだ」とか「批評は終わった」という高らかな宣言を繰り返してきたのではないか。日本語圏に限れば、小林秀雄の「批評とは竟に己れの夢を懐疑的に語る事ではないか！」[4]という名高い一行を引用しておけば十分だろうし、英語圏とフランス語圏での批評を象徴する人物ポール・ド・マンもまた、「あらゆる真の批評《クリティシズム》は、危機《クライシス》というありかたで生ずるとまで言いうるほどなのである」[5]と述べている。筆者には批評そのものの歴史を振り返る力量も資格もないものの、ここでは、何度も断っているような「堅苦しい」印象が、いわば「オレオレ批評」とでも言うべき、「いままでの批評は堕落している」＝「だからオレが批評を立て直す」といった傲岸に起因する点を指摘しておきたい。前章で述べた、「平成」における「ニュース」の特徴＝「責任と正義」の跋扈とは対照的に、批評では常に「オレ」の見方が特権化される。そうした物語への欲望がことばを次から次へと生み出してきたし、いまも、これからも生み出し続けていくのである。戦争経験のなさを「戦争を知らないこどもたち」と揶揄された若者たちが、擬似的な代替物として「学生運動」を「闘争」と呼んで神棚に祭り上げたように、事件や事故や災害だけでなく、ある特定の作品との遭遇もまた、「オレ」の体験として語られ、そこから「オレオレ批評」とも言うべき独善的なことばが垂れ流される。「オレはその現場にいた」「オレはその時代を生きていた」という優越感や、「オレがこの本を読んだ」「オレがこの映画を見た」という上から目線から、「オレオレ批評」が生まれる。

　これまでの、あるいはいまのことばの「浅さ」を感知するのは、どこかで「深さ」を前もって決めているからであり、そこに絶対値があるわけではない。にもかかわらず、浅薄だと捉えるのはなぜか。批評がある作品の背景や位置づけをめぐって交わされることばだからこそ、その批評に関する思考は、さらなる知識や教養を要求されるからである。

言い換えれば、もともと批評はメタなものである以上、批評に向けられる思索はさらにメタ、いわばメタメタにならざるをえないのである。何か「について」のことばは、何か「そのもの」を表すよりも、一段高みに立った視点から発せられる。そのレベルを「メタレベル」と呼ぶ。文学や映画や芸術「について」のことばである批評はもともとメタなものであり、さらにその批評はメタのメタ、つまりメタメタにならざるをえない。その際、メタメタにボケてしまう度胸と器量があれば話は簡単だが、批評はボケではなくツッコミであるため、メタメタはオレオレに反転するしかない。するど、いつも批評は「ない」、あるいは「ダメ」なものとして打ち捨てられるしかなく、それが「オレオレ批評」なのである。(6)

したがって、ここでも前章のニュースと同様、「平成」を形作る要素などなく、常に「オレオレ批評」が手を替え品を替え、代替わりしながら連綿と続いてきただけではないかと言いたくなる。ただ、こうした半畳を入れたくなる、あるいは入れずにはいられない空気こそ、「平成的」だと言わせてもらいたいし、「言わせてもらいたい」と言わずにはいられない節操のなさもまた、「平成」らしさにほかならない。いちいちツッコミを入れたくなってしまい、ツッコミを警戒せざるをえない。この面倒くささは確かに疲れるし、神経をすり減らす。そうした点で、もはや「オレオレ批評」ではなく、ツッコミであるがゆえの「メタメタ批評」に成り果てているとも言えるのだが、そう断言する前に、いくつか考えておきたい問題がある。

「浅さ」と「深さ」の間

　そのひとつが「浅さ」と「深さ」の間、言い換えると、節操のなさと専門性のトレードオフである。先に、雑誌の読書特集や映画宣伝、はたまたスーパーマーケットや電気店の「オススメ」が、その道の専門家だけでなく、さまざまなジャンルの著名人によって繰り出されるさまを指摘した。もはや、その道に精通した批評家や評論家が作品や商品の良し悪しを判断する特権を与えられていた時代ではない。だからこそ、たとえば、書店員の「オススメ」を集めて賞にまで仕立て上げてしまうお祭り＝「本屋大賞」が生まれたし、二〇一三年の受賞者・百田尚樹にいたっては、「本屋大賞は、直木賞なんかより、はるかにすばらしい賞です」とまで言い放つ。[7]ただここでもしつこく断っておけば、百田のことばは、直木賞の権威を信じたい人々がいるからこそ成り立つし、あるいは、少なくとも百田自身が、信じたい人たちがいると信じているからこそ、成立するのである。先に本章では、「何事かについてはすべてを知る」と「すべてについて何事かを知る」、その両方がなければ半可通にすぎないと述べたし、さらには、「半可通にすぎない」とする視点は批評の輝ける時代の遺物だとも述べた。けれども百田のことばにあるように、事実としてはもはや「半可通にすぎない」という権威づけさえ消え失せているにもかかわらず、あるいは消失してしまったがゆえに、失くした威信にすがりたい人たちがいるのもまた確かなのだ。

　しかし、毛里裕一が鋭く指摘するように、論壇と呼ばれる大所高所からこの世の中をあれやこれやと論じる人々が集まる空間では、その崩壊や消失が七十年以上唱えられてきた。[8]だから、威信がなくなったと言いながら、形式だけが命脈を保ち続けるそのありさまは、まさしく批評、それも「オレオレ批評」が生き永らえてきた歴史と軌を一にする。佐藤俊樹がまとめたとおり、「コミュニケーションがより濃密で繊細になったために「コミュニケーション不全」が感じられやすくなった、というのが今の社会学での一般的な見解[9]」なのであって、あだやおろそかに「崩壊」図式を振り回すわけにはいかない。

ただ何度も断っているように、「広告批評」に違和感を覚える空気は、既にない。「批評」という記号について、大上段から振りかざされる「堅苦しさ」を察知する感受性がないからこそ、「レビュー」という「軽い」形があっという間に広がったのであり、それこそが「平成」の「批評」なのである。

たとえば、一九九一年から翌年にかけて作家の高橋源一郎が「朝日新聞」の「文芸時評」欄で篠山紀信のヌード写真や「秋冬東京コレクション」を扱った際には、「ぼくはサイードの「イスラム報道」に「文学」を感じた」とか「文学もまた「陰毛」と悲しみの間をゆれつづけてきた[10]」といった表現が、ありきたりの価値観を揺さぶるように見えたに違いない。しかし、二十年を経た「平成」のいま、高橋が同じ「朝日新聞」で姿を見せるのは「論壇時評」であり、そこでは何かから「文学」を読み取るのではなく、「責任と正義」由来の反原発に向けたことばがいつも並んでいる。ドキュメンタリー映画やネット上での発言が、さも本質を突いた格言であるかのように扱われ、「文学」は、もはや「深さ」を自任する権威でないばかりか、論壇と野合している。その限りにおいて、そこでの越境がもてはやされる記号にすぎない。そこに文学の堕落や論壇の凋落を観察するのはたやすい。だが、高橋が「論壇時評」を担当している事態は、端的に見てその両方の壇、すなわち文壇と論壇がお互いを越境する身振りによってだけ、延命できている証左にほかならない。それぞれの権勢を笠に着る余地は残されておらず、かろうじて、それぞれの時評という形だけは維持されている。しかし、そこはもはや、文芸批評家や評論家といった専門家が大きな顔をできる空間ではなく、ある局所、たとえば高橋のような小説家やあるいは前任の東浩紀のような現代思想の代弁者が、その専門性への信頼を担保にしたうえで、全体を語らなければ信用されない場になっている。だから、高橋や東は経済や政治やエネルギー政策まで縦横無尽に論じるが、そこにはかつての教養や幅広い知見への憧れはない。ある特定の分野で活躍したにすぎない論者が、だからこそ「すべてについて何事かを知る」態度を求められ、そして許されるのである。

とすると、彼らは、実は決して「浅く」などないどころか、「深い」教養人なのではないかと思えてくる。小説や思想といった「何事かについてはすべてを知る人間」でありながら、「すべてについて何事かを知る」——その彼らこそ、真の教養人ではないかとさえ思えてくる。にもかかわらず、そこに漂うのはあの「レビュー」と同じ、そこはかとない浅はかさであり、間違っても「堅苦しさ」ではない。「堅苦しさ」を抱かせない点で、彼らは、教養や「深さ」を忌避し拒絶し嫌悪しているかのようでもある。そこにこそ、「平成」が性格づけられるし、だからこそ、「レビュー」が「平成」の批評にほかならないのだ。

コメンテーターとは誰か

これは何も、高橋や東に限らない。しばしば毒にも薬にもならないおためごかしを並べるとして揶揄されるテレビのコメンテーターを、北田暁大にならって「信じがたいほどの知識量と教養がある人が少なくない。勉強熱心でもある。切り返しがうまいということ自体が、相当の研鑽をつまなければできない技術である[11]」と、擁護するべきなのかもしれないが、ここでの関心はそうした「責任と正義」にはない。そうではなく、たとえば、脳科学者の茂木健一郎がＮＨＫの『日曜美術館』（一九七六年―）の司会を務めても何ら違和感を抱かせなかったり、あるいは、陸上選手だった為末大がさまざまな事件や事故についてコメントするさまをむしろ自然だと感じたりする、そんなお約束が成立してしまったのが、いかにも「平成的」なのではないか。換言すれば、専門を極めた人にしか、他の分野を含めた社会全体へのコメントが許されていない。ひと昔前であれば、何の権威もない「評論家」と呼ばれる人たちが、さも知ったように（実際、北田が言うように知識と教養、勉強、それらの量で圧倒してもいたのだが）、「すべてについて何事かを知る」雰囲気を装っていたし、侮蔑めいた口調で言及される「コメンテーター」とは、そうした人たちを指していた。ところが、何度も断っているように、いまや「評論家」なる肩書でテレビのコメンテーターを務めている人物はほとんどいない。その例外的な人物・宮崎哲弥は最近、ジャーナリストの青木理との対談で、コメンテーターとして「知らないことには答えない[12]」と述べていたが、宮崎の振る舞いはそれとは正反対で、ほぼすべての事柄について、ときとしてその道を究めた人物よりも詳しいとさえ思わせる。それほどまでの知識量がなければ、「評論家」にコメンテーターは務まらないし、逆に専門を持っているからこそ、そのほかのさまざまな出来事に関することばが信じられるのだ。倒錯しているようにも見えるが、そのことばを「レビュー」だと思えば、つまり、そこに「深さ」や「浅さ」を見いださなければ、何ら不自然ではないのである。

では、「評論家」と呼ばれるまとまりは、もはや絶滅してしまったのかと言えば、そうではない。それどころか、「平成」ではなく「ゼロ年代」を標榜する一部の集団では、まだ有効だと信じられているように見える。これが、「オレオレ批評」ではなく、ツッコミであるがゆえの「メタメタ批評」に成り果てているありさまを見る前に通過すべき諸問題の、次なるひとつにほかならない。

3 「ゼロ年代」の「評論家」

「批評家」と「評論家」

まず断っておかなければならないのは、「ゼロ年代」あるいは「ゼロゼロ年代」という符号が、何の波及力も持たないありさまである。傍証にしかすぎないかもしれないが、たとえば、国立情報学研究所のデータベース「CiNii」(http://ci.nii.ac.jp/)を見る限り、「ゼロ年代」をそれ以前の「年代」と隔てるのは、前者には自然科学系の分野が全く該当しない点である。「九〇年代」や「八〇年代」には、それらが「九〇年代の新技術」といった形で組み合わされていたが、「ゼロ年代」という符牒は、いわゆる文系、それも文学やサブカルチャーという狭い領域に限られてしまう。「平成」ではなく、あえて西暦にこだわり、しかも自分たちの時代だという意識を強く打ち出した「ゼロ年代」は、局域化せざるをえない。そして、そこでこそ「評論家」という肩書が流通している。この呼び方を使う代表的な論者として宇野常寛と荻上チキを挙げることができるだろうが、その二人はそれぞれ「批評家」と「評論家」を名乗っている。そして、二人とも両方の肩書を使っているようにも見える。その仕組みを、少し迂回しながら確かめておきたい。素朴に言えば、「不良のための論壇案内」との副題を付された永江朗の『批評の事情』[13]が、「批評」をタイトルに掲げながら「いまどきの評論家を論じています」との文句を帯に付けたように、「批評家」と「評論家」がもはや区別がつかないほど、「批評」の位置はフラットになっている、その証左として、宇野と荻上を挙げてみたのである。

二〇〇〇年以降、ないしは「二〇〇〇年代」を示すはずの「ゼロ年代」や「ゼロゼロ年代」は、ことばとしての成立よりもさらに局域化し、サブカルチャーという、もはや分野自体の存続が危ぶまれるほどに小さい領域の、さらに一部でだけ用いられることばとなった。むろん英語圏でも、たとえば雑誌「TIME」の二〇一〇年十二月二十八日号が特集を組み、この時代のさまざまな呼び方について検討しているが[14]、「ゼロ年代」なる標語が共有されないのは、そういった名付けの困難だけに由来するわけではない。英語圏、とりわけアメリカでは二〇〇一年九月十一日のテロに圧倒的な比重が置かれたため、「二〇〇〇年代」で区切るというよりも、テロの後か前か、すなわちafter-911のほうが大きなインパクトを持っていた。翻って日本語圏では、「ゼロゼロ年代」ということばを初めて意識的に使い、そして、意図を持った使い方としては、結果として最後にもなってしまった佐藤俊樹が、「ゼロゼロ」に込めた二重の意味を次のように説明する。

機会の平等原理への転換は、バブル崩壊や戦後体制の構造疲労によるものではない。たんなるアメリカ追随でもない。これは八〇年代からのメディアの転換や個的生活への憧れの延長上にあるのであり、長い目でみれば、ここ数百年間つづいてきた「日本的社会」がゆるやかに終わりつつある現れなのである[15]。

だから、「私たちは個である欲望を自らのうちに見出し、その上に、いかなる社会を築くかを考えるしかない。それが原点、ゼロ地点[16]」のはずであり、このゼロ地点とは、「二つの爆心地をめぐる楕円、すなわち、一九四五年八月六日と二〇〇一年九月十一日というふたつのグラウンド・ゼロを表している[17]」とする。

しかし、あるいは、案の定と言うべきか、「〇〇年代」なる呼び名は、全く流通しなかった。おそらく佐藤は、流通しないことを承知のうえで、すなわち、英語圏にとっての二〇〇一年九月十一日が「原点」になりうる一方で、日本語圏では、いまだに一九四五年八月六日がゼロ地点にならず、二〇〇〇年代にいたっても欲望を自らのうちに見いだす真摯な営みがなされないことを予測していたからこそ、あえて呼び名を実験的に差し出したと言うべきだろう。実際に佐藤は同書の文庫化にあたって、書名を『格差ゲームの時代』と変更している。「〇〇年代」は「格差ゲーム」にウツツを抜かしているうちに終わってしまった、とでも言うように。

「九〇年代」の初頭に、多木浩二と内田隆三が、「準拠すべき実体が不在であるような修辞学[18]」として定義した「零の修辞学」のように、「現実社会に根拠がないという、その言説自体も根拠がないのである。われわれの前では何かが何重にも宙吊りになる。われわれはこの宙吊りのなかであらわれては消えるわれわれ自身の無意味なたしかさをうまく露呈することができたであろうか[19]」という問いそのものが、二〇〇〇年代には宙吊りになる以前に、露呈すること自体がありえない。「ゼロゼロ年代」、あるいは「ゼロ年代」ということばの響きは、多木と内田が「零の修辞学」と呼んだような美しさを欠く。「零の修辞学」とは、リセットが幾重にも不発に終わった二〇〇〇年を通過した後で、なお、日本語圏で原点からの出発が可能だとしたら、どのような運動が必要であるかを考えた試みだった。「ゼロ年代」には、多木や内田が込めた意味はない。

「ゼロ年代」の特徴を描こうとした「批評家」の宇野常寛がこだわったのは、「ゼロ年代」と「九〇年代」の対比であり、そこには「平成」への意識はない。宇野が「平成仮面ライダー」を論じる際にも、自己定義はあくまでも「ゼロ年代」の「批評家」だった。宇野はこの二項対立図式に乗ることによって、さまざまな刺激的な論点を見いだしてきた。その点は大いに尊敬すべきだとしても、本書が問うのは、ここにもあらわれる「平成」の存在感の薄さにほかならない。

論壇ではない場所

試みに例を挙げれば、雑誌「論座」は二〇〇八年五月号で、六十五ページにわたる特集「ゼロ年代の言論――Are you ready?」を組んでいる。その特集の扉で、「「ウチらはウチらで勝手にやるけんね」的、超前向きな開き直りを内包した〈何か〉」を「ゼロ年代の言論」と呼ぶ。特集冒頭の座談会で、東浩紀は次のように述べる。

　僕が大学院生だった九〇年代はカルチュラル・スタディーズとかジェンダー・スタディーズが大量に入ってきた時代です。そこで主張されていたのは、ひとことで言えば文学と政治は切り離せないということです。（略）最近は逆に、その考え方を素直に制度設計に適用するとたいへんなことになるとも思うんです。すべてが政治なら、逆に政治はすべてに介入すべきなのか、ということになる。そういう点で、いまでは、とりあえず政治と文学は切り離すべきだと考えています。[20]

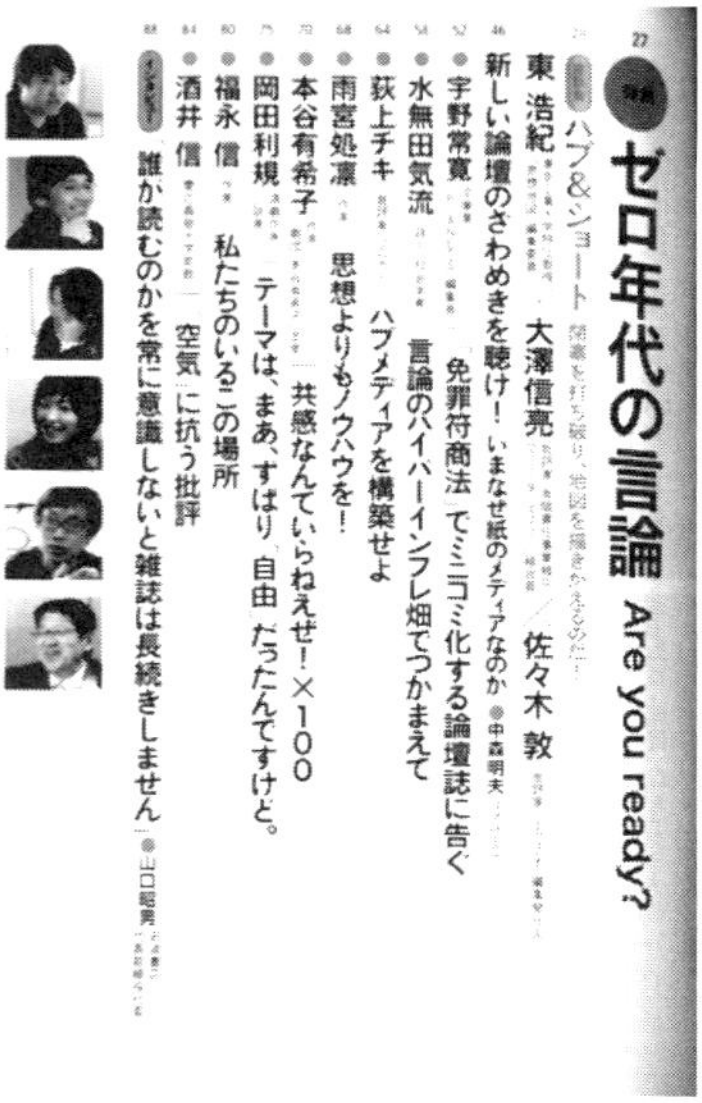
27 特集 ゼロ年代の言論 Are you ready?
ハブ&ショート
東 浩紀／大澤信亮／佐々木 敦
46 新しい論壇のざわめきを聴け！ いまなぜ紙のメディアなのか ●中森明夫
52 ●宇野常寛 「免罪符商法」でミニコミ化する論壇誌に告ぐ
58 ●水無田気流 言論のハイパーインフレ畑でつかまえて
64 ●荻上チキ ハブメディアを構築せよ
68 ●雨宮処凛 思想よりもノウハウを！
70 ●本谷有希子 共感なんていらねえぜ！×100
75 ●岡田利規 テーマは、まあ、ずばり「自由」だったんですけど。
80 ●福永 信 私たちのいるこの場所
84 ●酒井 信 「空気」に抗う批評
88 インタビュー 「誰か読むのかを常に意識しないと雑誌は長続きしません」●山口昭男
論座 2008.5

図18
（出典：「論座」2008年５月号、朝日新聞社、目次）

「ゼロ年代」では、政治は政治、文学は文学として別個に論じるべきだとする東の主張の当否よりも、その時点での立場を「九〇年代」とは逆方向と単純に位置づける点が興味深い。九〇年代とは逆に、個別に論じる意味をあえて見いだす。その皮膚感覚の鋭さゆえに、東は論壇で常に勝ち続けてきた。

また、中森明夫は一九八二年ごろの自らのミニコミ雑誌での思い出を引き合いに、「新しい論壇のざわめきを聴け！」と煽る。宇野常寛は、「一九八〇年代初めの「ニュー・アカデミズム」以降の批評は、いわば「免罪符商法」としてしか成立し得ていないと思います[21]」と、八〇年代以降をひとくくりに断罪する。さらに水無田気流は、一九七〇年代後半以降生まれの「「われわれ」性をつむぐことの困難さが、まさにわれわれを特徴づけている」感覚は、「八〇年代以降の消費社会の爛熟によって醸成され、定着した[22]」と述べる。

他方で、「評論家」の荻上チキは、「柄谷行人と浅田彰が編集委員を務めた「批評空間」は、さまざまな意味で一九九〇年代を象徴する批評誌だった。ではゼロ年代を象徴する批評誌は何だろうかと問われれば、私は「ない」と答える」と断言し、「ゼロ年代には、個別の「大きなメディア」に象徴性がもたらされるのではなく、ウェブも含めたさまざまなメディアが、網状に言説空間を織り成している状況そのものに象徴性が与えられている[23]」とまとめている。

4　「平成」の「オレオレ批評」

いま、批評のことばはどこにあるのか

こうした「論壇」は、おそらく「ブログ論壇」や「ネット論壇」あるいは「若者論壇」と呼ばれるものも含んでいて、それを論じるプロレス的な面白さもあるのかもしれない。おわかりのように、

この文章の書き手はそれを愛していると言っても過言ではない。ただ、本書の関心はそこにはない。それよりも、「平成」と「ゼロ年代」の関係が、ここに析出しているありさまが面白い。先に、レビューこそが「平成」における批評だと述べた。このレビューが紡ぎ出される場はもちろん、ウェブであり、あるいはSNS（ソーシャル・ネットワーキング・サービス）だ。そこでは、コミュニケーションが続くことそれ自体に価値があり、北田暁大にならって言えば、「つながりの社会性」が重視される。裏を返せば、ムラのような古い共同体の作法に則って、空気を読み、場をわきまえて、キャラをつくらなければならない。だから評価基準は、「Twitter」であればフォロワーの数だし、「Facebook」なら友達の数や「いいね！」の数、「LINE」なら……と、それぞれの局所に応じたローカルな物差しで価値が決められる。「レビュー」もまた、そのような空間で順位づけされるので、星の数を気にしなければならない。「オレオレ批評」であれば、他人からの評判など意に介さず、堂々と独自の理路を整えておけばそれで事足りる。けれども、いつもツッコミを意識せざるをえない「メタメタ批評」になると、周りが気になる。

だから、「メタメタ批評」はあえて「ゼロ年代」を標榜せずにはいられないのだ。「九〇年代の言論」を掲げた特集に嬉々として名を連ねる批評家や評論家が、一九九〇年代にいたのだろうか。荻上チキのことばを借りれば、その時代を象徴する雑誌「批評空間」（福武書店、一九九一—九四年）で、「九〇年代」を意識したことばが躍っていただろうか。同誌が特集したのは「明治・大正批評」や「昭和批評」であって、「平成批評」ではなかったし、もちろん、「九〇年代の言論」もフィーチャーしなかった。「平成」における批評は、もはや「九〇年代」を前面に押し出す気構えもなければ、「平成批評の諸問題」も問わない。だからこそ、「ゼロ年代」を錦の御旗にしたとしても、空振りせざるをえない。乱暴な比喩を用いれば、「昭和」の空気をまといながら批評の権威となった「批評空間」が、「空間」という三次元の立体ゆえの奥行きや広がりを持っていたのに対して、「平成」批評の舞台となった「思想地図」が、「地図」という二次元の平面ゆえののっぺりとしたフラットさを特徴としているのではないか。「空間」から「地図」へ、と言ってみても許されるのではないか。

それでもあえて「オレオレ批評」に近い従来の「批評」を探すとすれば、スポーツをめぐるそれだろう。「平成」の歴史は、サッカーが日本語圏でプレゼンスを爆発的に拡大させた四半世紀でもあった。もちろん、平成元年にはまだほとんどの人々はサッカーに関心を向けていなかったし、興味の対象はせいぜい野球と相撲、ラグビーにとどまっていた。だが、平成五年のJリーグ発足とドーハの悲劇を契機として、どうすればサッカー日本代表は勝てるのかという身も蓋もない議論に「国民」が熱狂し、その仕方を覚えた。

「昭和」におけるスポーツをめぐることばは確かに貧しかったかもしれないが、それでも、きわめてドメスティックな空間だったからこそ、情感を込めることができた。他方で、虫明亜呂無や草野進は、たぶんに文学的なコンプレックスに彩られたきらいがあるとはいえ、スポーツそれ自体の醍醐味を見事に叙述していた。

「平成」における「オレオレ批評」としてのスポーツ批評はしかし、あくまでも「勝利」に向けられているがゆえに、「オレの言うとおりにすれば日本代表は勝てる」とか、「オレの提案を受け入れれば、あの選手は金メダルをとれる」といった、即物的な現世利益にだけ注視したことばにほかならない。確かに、イタリアやフランス、ドイツ、イギリスといったサッカー先進国の新聞やテレビも、試合ごとに選手に点数をつけている。ただ、その点数づけの脇には、小説にさえなりそうな情緒をちりばめた長文のコラムや試合評が掲載されている。点数はあくまでも便宜にすぎず、もちろんメインは試合を味わう作法にこそある。他方、日本語圏では、「日本経済新聞」の武智幸徳記者をはじめ、数人を例外として、ほとんどの書き手が点数と成績に縛られ、かつての情さえ失っている。

「ゼロ年代」という記号が局域化したのは、一般的にイメージされるように、大きな物語が解体したり、教養水準が低下したといった形で議論の土台が蒸発したからではない[24]。もちろん一九九〇年代中盤以降、いわゆる「骨太な」本の読書量や平均的読解力は低下傾向にある。この点については、おそらく多くの読者が同意されるだろう。しかし、この点についても、大衆教養社会の進展との関数で図らなければならない。むしろ、「日本社会」という共通の平面の上に立っているという自覚を共有できているからこそ、わざわざ「ゼロ年代に生きる「私たち」」を確認しなくてもすむほど、斉一性が高まったのだ。簡単に言えば、平等志向の高まりが微細な差異への注視を促したように、逆方向では、すなわち、「ゼロ年代」の日本社会をことさらに強調しなくても、同時代を生きている感覚が空気のように当たり前になってしまったと言えるのではないか。

そこでは、わざわざ「オレオレ批評」を読む余裕などない。サッカーのような国民的大イベントのときぐらいは、勝つための方法を探るために面倒な書き手の自意識に付き合ってもかまわないが、それとて本気ではない。あくまでも儀礼的なお付き合いにすぎないのだ。それ以外の日常で大事なのは「レビュー」であって、どんなに長くてもA4の紙一枚にまとめられる程度の分量しか許されない。「Twitter」が百四十字をひとつの区切りにしているのが象徴的であり、おそらくはこの文字数さえ長いのだろう。小泉純一郎は首相在任時、「ワンフレーズポリティクス」と揶揄され批判されたが、いまや日本語は「ワンフレーズライフ」と言えるほど、直感や反射で満たされている。「暑い」「寒い」「眠い」「お腹がすいた」……そんな短いことばが、SNSにあふれる。

だから、佐々木敦があたかも「思想なんて所詮は流行商品だから」とでも言うように、二〇一〇年代を「テン年代」（無粋だが、あえてパラフレーズすれば、「天然ボケ」の天然と一〇年代の掛詞である）と言い募ったとしても[25]、そのように強弁する佐々木自身がそれまでの思想や批評を実体化してしまい、自分自身を対象化できなくなった。ことばが軽くなった、あるいは、ことばの迫力が薄くなったと言えば言うほど、そのことばを発している自分自身を客観視できなくなるために、その薄さを見ないことにする。そして、より実体的な議論の象徴としての格差社会論に飛びつく＝格差ゲームに興じてしまう[26]。そこに私たちの悲しみが込められている。

時を同じくして外見的な隆盛を見せるネット論壇への言及は、一方で制度的「論壇」自体がほとんど消滅すると同時に、「言論」の回路が拡散し多重化したものの、個々の「言論」はたぶん個性や深みを失うか、あるいは深みを持っているとは見なされなくなる。そして、既存メディアでもネット論壇でも、結果的には、それほど刺激的ではないが、大きく間違っているとも言えないような範囲に収束してしまう。多重的である一方で、妙に均一化し平板になっている。それをネット的集合知と言えばそれまでだが、しかし本書では、そうした状況を「平成的」だと呼んできたのである。

「オレオレ批評」とも違う何かを

先に触れたポール・ド・マンが述べたように、「評価という最も素朴な形式においてさえ、批評行為は、起源との一致や特有性にかかわっている[27]」のであり、もともと「批評」はその歴史性への着目に特徴があった。どのように論じられてきたり、あるいは論じられてこなかったりしたのか——その道程それ自体が批評への信頼を保っていたのである。しかし、既に本章で述べてきたように、身の回りにあふれることばは、「レビュー」としか言いようがないほど「浅い」。だからといって、そのことばの積み重ねが決定的に間違っているわけではないし、それこそ「平成」の批評なのだと述べてきた。そこでは、専門性がなければ全体を語れず、ある面では、「すべてについて何事かを知り、何事かについてはすべてを知る人間」ばかりになっているとも述べた。つまり、ツッコミを繰り出さずにはいられない「メタメタ批評」が、批評古来の「オレオレ批評」にとってかわった可能性を見たのであり、「オレオレ批評」の系譜に連なる「ゼロ年代」の私有化や局域化が遡及力を持たない点も、この論点を補強しているのではないか。

そしてもし、この情景をフラットなものだと捉えられるのだとしたら、それこそが「平成的」な自由であり、ことばはそのようなものでしかないがゆえに、かけがえのない道具として捉え直せるのではないか。一見するとネガティブに見えがちな、「平成」という符号による時代把握を肯定しようとする本書の試みは、その自由に由来するかけがえのなさの探究にこそあったと言えば、「メタメタ」になりはてていたとしても、読者諸兄は納得してくれるだろうか。

注

(1) 槙田雄司『一億総ツッコミ時代』(星海社新書)、星海社、二〇一二年。同書のカバーに、「ああ息苦しい!!」と書かれている点が、もっともよく「平成」の気分を表しているのではないか。
(2) 太田省一『社会は笑う・増補版――ボケとツッコミの人間関係』(青弓社ライブラリー)、青弓社、二〇一三年、二二七ページ
(3) 竹内洋「[解説] 教養ある公共知識人の体現者J・S・ミル」、J・S・ミル『大学教育について』竹内一誠訳(岩波文庫)所収、岩波書店、二〇一一年
(4) 小林秀雄「様々なる意匠」『Xへの手紙・私小説論』(新潮文庫)、新潮社、一九六三年、九五ページ
(5) ポール・ド・マン「批評と危機」宮崎裕助訳、表象文化論学会編「表象」第三号、表象文化論学会、二〇〇九年、九二ページ
(6) この「メタメタ」については、井上俊による次のことばから着想を得た。「知識社会学の本性上、常に自分を相対化して、メタ・メタ・メタ…と進んでいってメタメタになるほかない(笑)。(略) そういう意味では非常に空しいわけです。そのへん、しかし、〈遊〉と似たところがあって、結局は空しいことなんだけども、しかし、なぜかやめられない(笑)」(井上俊『遊びと文化――風俗社会学ノート』アカデミア出版会、一九八一年、三五―三六ページ)。また、本書の「オレオレ批評」が、ネ

ット上で散見される「俺理論」とは異なっている点を断っておきたい。
（7）「本屋大賞　売れて十歳」「朝日新聞」二〇一三年四月十日付
（8）毛里裕一「論壇」、北田暁大責任編集『コミュニケーション――自由な情報空間とは何か』（「自由への問い」第四巻）所収、岩波書店、二〇一〇年
（9）佐藤俊樹「サブカルチャー／社会学の非対称性と批評のゆくえ」、東浩紀／北田暁大編『思想地図』第五巻（「NHKブックス」別巻）所収、日本放送協会出版、二〇一〇年、二一二ページ
（10）高橋源一郎『文学じゃないかもしれない症候群』（朝日文芸文庫）、朝日新聞社、一九九五年
（11）北田暁大「特集　社会の批評（社会の批評Introduction）」、前掲『思想地図』第五巻所収、五四ページ
（12）宮崎哲弥／青木理「対談　体験的コメンテーター論　いまテレビで語るということ」、TBSメディア総合研究所編「調査情報　第三期」二〇一三年九―十月号、TBSテレビ、二二ページ。また、当事者の立場からの言い分をまとめた著作として中野雅至『テレビコメンテーター――「批判だけするエラい人」の正体』（「中公新書ラクレ」）、中央公論新社、二〇一三年）がある。
（13）永江朗『批評の事情――不良のための論壇案内』（ちくま文庫）、筑摩書房、二〇〇四年
（14）列挙してみると、the zeroes, the unies, 20 oh-ohs, the nulls, the nadas, nothings, the 0's, the oh-ohs, the zips, the first decade, the oh-la-las, the why-I-aughtas, naughty aughtys, the aughts, the 2Ks, double OHs となり、英語圏でも混乱している様子がうかがえる。
（15）佐藤俊樹『〇〇年代の格差ゲーム』中央公論新社、二〇〇二年、二六二―二六三ページ
（16）同書二六三―二六四ページ
（17）同書二六六ページ

(18) 多木浩二／内田隆三「序――零の修辞学について」、多木浩二／内田隆三編『零の修辞学――歴史の現在』(「Série Saison」第五巻) 所収、リブロポート、一九九二年、一七ページ
(19) 同書二〇ページ
(20) 東浩紀／大澤信亮／佐々木敦「座談会　ハブ&ショート――閉塞を打ち破り、地図を描きかえるのだ!」「論座」二〇〇八年五月号、朝日新聞社、三五ページ
(21) 宇野常寛「「免罪符商法」でミニコミ化する論壇誌に告ぐ」同誌五二ページ
(22) 水無田気流「言論のハイパーインフレ畑でつかまえて」同誌六二ページ
(23) 荻上チキ「ハブメディアを構築せよ」同誌六四―六五ページ
(24) 遠藤知巳「フラット・カルチャーを考える」、遠藤知巳編『フラット・カルチャー――現代日本の社会学』所収、せりか書房、二〇一〇年
(25) 佐々木敦『ニッポンの思想』(講談社現代新書)、講談社、二〇〇九年
(26) 佐藤俊樹『格差ゲームの時代』(中公文庫)、中央公論新社、二〇〇九年、三四四ページ
(27) 前掲「批評と危機」九二ページ

終章 『「平成」論』とは何か再び

1 再び個人的な体験から

ネットを説明する?

ここでも個人的な体験に触れる。第4章で述べたとおり、私は大阪のテレビ局・関西テレビ放送を経て、ドワンゴにも在籍した。古式ゆかしきマスコミと新進気鋭のＩＴ企業、その両方に在籍した経験を楯に、威丈高かつ気宇壮大なメディア論をぶってみても許されるかもしれない。「これまでのテレビはダメだ。これからはネットの時代だ」とばかりに大風呂敷を広げておけば、それなりに職が得られたり、小銭が入ってきたりするのかもしれない。新しいものを褒めそやし、古いものを貶めておきさえすれば、それなりに名声を高められるのかもしれない。残念ながら私にはそういった商才はないし、語るほどの経験もない。第4章に明らかなとおりだ。

それよりも、「ニコニコ動画」のあり方、さらにはそれをめぐることばがいかにも「平成的」だと思われるからこそ、私的な経験をダシにしてこの章を書き起こしてみたのである。

「ニコニコ動画」の特徴はフラットさにあると、ひとまずは言える。アニメや将棋、そして政治まで広がるコンテンツ。送り手も、素人のユーザーからプロダクションにいたるまで、ありとあらゆる種類の人たちが肩書や権威による序列なく並ぶ。あらゆる内容が、脈絡なくひとつのサイトに並んでいるありさまは、確かにフラットだ。いろいろなものが雑然と並べられている様子をフラットと呼ぶならば、「ニコニコ動画」はその典型だろう。けれども、おそらくはテレビ放送が始まったときもまた、フラットな性格が指摘されたのではないか。事実、中東の政治情況についてのニュースがモノマネ番組の合間に挟まるといった風景が、テレビ画面の日常であり続けてきたし、それはいまもこれからも変わらないだろう。スポーツや映画など、特定のジャンルの番組だけを放送するチャンネルもそれなりの数にのぼるものの、「テレビを見る」という行為のなかには、「いろいろなものを見る」意味が含まれている。だから、世論調査やアンケートで「どのジャンルの番組をよく見ますか?」という質問が成り立つ。「ニコニコ動画」の運営側に私が身を置いていた当時、盛んに言われていたフレーズ「プラットホーム戦略」は、テレビと同じ箱を目指す姿を示している。すると、テレビとの違いはほとんどないように思われるし、いろいろなコンテンツが時間を問わず流れている点も変わらないように見える。さらに言えば、しばしばネットの特徴として喧伝される双方向性についても、最近のテレビはファクスやメールだけではなく、ほとんど「ニコニコ動画」と同じようなテロップを垂れ流すフォーマットを、多くの番組で採用している。

だからといって、サブカルチャーで大きな位置を占める「ニコニコ動画」とテレビは、実は大差がないなどと言いたいわけではない。そうではなく、「ニコニコ動画」の仕組みを説明しさえすれば、いくらでもテレビとの差異が見つかるし、テレビとは全く違うものだとすぐに理解できるだろう。しかし、そのためにわざわざことばを費やさないといけない仕組みが、いかにも「平成的」だと言いたいのである。そして、先に述べた「フラット」ということばもまた、いかにも「平成的」と主張したいのである。

たとえば、私が直接関わっていたニコニコ生放送には、公式とチャンネルとユーザーという区別がある。「ニコニコ動画」を運営するニワンゴの親会社ドワンゴが直接関与する公式生放送、テレビ局や音楽レーベル、映画配給会社といったコンテンツホルダーが制作するチャンネル生放送、それ以外の一般ユーザーのなかで、毎月五百円（税抜き）を支払ったプレミアム会員が放送時間を予約したうえで枠を取り、放送するユーザー生放送がある。もちろん、こんな素っ気ない説明だけでは理解してもらえないかもしれないが、しかし、「ニコニコ動画」に集うユーザーもまた、すべてを十全に把握しているわけではない。あるいは、運営側にいた私もまた、たとえば公式生放送にラインナップされているアニメすべてについて知っていたわけではないし、ユーザー生放送にいたっては番組数さえわからなかった。

本書の議論との関係で言えば、「ニコニコ動画」でのコンテンツの乱立は、第3章の文学で指摘したジャンルの多様さと同じ事態だ。各ジャンルがそれぞれに増えていき、それにまつわることばも積み重ねられる。にもかかわらず、「ニコニコ動画」全体を表す決定的なことばは、誰からも紡ぎ出されない。説明しようとしても注釈が付け足されていくばかりで、全体を見渡せない。これこそまさにフラットなのである。

だからテレビとの違いを述べようとしても、細かい点を含めて何かが新しいにもかかわらず、クリアな表現ができない。隔靴掻痒の感が強まるばかりで、ことばが空回りする。むろん、ジャーナリスト・佐々木俊尚のすぐれたルポルタージュ[1]や濱野智史の分析[2]など、外部からの「ニコニコ動画」論がいくつも書かれているし、内部からも、取締役の夏野剛が活発にPRを展開し、最近では、創業者でありドワンゴの会長を務める川上量生が積極的にメディアで発言している[3]。このように、「ニコニコ動画」をめぐることばはたくさんあるにもかかわらず、何がスゴいのか、あるいは逆に何がスゴくないのか、いまいちよくわからない。よくわからない理由は、私が中途半端に内部に足を突っ込んだせいかもしれないのだが、しかしこの感覚は、本書第1章で「平成時代」における経済停滞について指摘した仕組みと似通っている。

本書第1章では、経済停滞を表す表現が「平成不況」「バブル崩壊後」「失われた十年」と、少なくとも三つに分かれてフラットに併存している様子を取り上げ、一定しないそのありさまがことばの不況だと述べた。「ニコニコ動画」をめぐることばもまた、あまた書かれ、多くの人々が論じているにもかかわらず、いずれも決定打となりえてはいない。そのユーレイのようなあり方が、いかにも「平成的」なのではないか。

「ニコニコ動画」を最もわかりやすく象徴するのが、二〇一二年から開催されているニコニコ超会議だろう。「ニコニコ動画のすべて（だいたい）を地上に再現する」をコンセプトに開かれ、二日間で十万人を動員するこのイベントが何なのかを説明しようとしても、おそらく誰にもできはしない。在日アメリカ軍や自衛隊のブースがあるかと思えば、「ニコニコ動画」のなかの有名人によるステージも見られる。任天堂が特別協賛をし、総務省や経済産業省が後援名義を与える。乱暴に単純化すれば、「ニコニコ動画」のPRイベントでしかない。けれども、そこには何もかもがある。これを何と表せばいいのだろうか。このイベントに象徴される「ニコニコ動画」のあり方は、何かを表しているにもかかわらず、端的にそれを表現できない点で、まさしく「平成的」だと言えるのではないか。

「フラットさ」は「平成的」か

本書では、冒頭から「フラット」ということばを繰り返し使ってきた。「平成的」ほど振り回してはいないが、マジックワードのように用いてきた。さらには、読み手が抱く「フラット」についてのイメージが、中立や無色透明、あるいは偏りのなさ、そして平板なありさまといったものだとする前提に寄りかかってきた。

もちろん本書での「フラット」が、遠藤知巳が編んだ『フラット・カルチャー』を参照していることはあらためて指摘するまでもないだろう。だが、「ニコニコ動画」を題材として、ここでそれをもう一度言い直してみよう。

先に、「フラット」をいろいろなものが雑多に並ぶありさまだと述べたが、本書が遠藤から借用しているイメージはそれだけではない。「オレが最も「ニコニコ動画」を象徴している」とは言い切れないだけでなく、風呂敷をめいっぱい広げたとしても、「全体がどこまでなのかは、わからない」ことだけはわかるとしか言えない。自分と同じようなものがたくさんあるところまでは想像力がはたらくし、実際そのとおりなのだが、質や量を測ろうとしても境界がわからない。ただ単に平板な横並びの状況を述べただけではなく、自らもまた雑多なもののひとつにすぎないという自覚とあきらめ、そして、だからこそ尊いのだとする居直りが、そこではないまぜに同居している。だからこそ、「フラットだ」という、自分を含めた状況を上から眺めている視線を呼び出さずにはいられない。「客観視できますよ」といったいじらしいアピールが、「フラット」なる表現に集約されている。つまり、『フラット・カルチャー』というキーワードで現代日本を分析する遠藤知巳も、そして何よりも本書の書き手もまた、この仕組みに巻き込まれているし、その巻き込まれていることへの自覚こそ、「フラットさ」と何かを「フラット」だと言い表す態度にほかならない。

だから、「フラットだ」という言明は思考停止と背中合わせにある。「すべてが横並びだ」という上から目線は、「ニコニコ動画」だけでなく、この世の中全体を説明した気分に浸れるし、わかったふりをするには格好のキーワードだ。けれども、本書では、そうしたお守りことばとしてではなく、自らのことばをも照らし返す戒めとして「フラット」を用いてきたし、だからこそ、それを特徴に含むものとして、「平成的」なることばを提示してきた。「フラットだ」と口にして得られる安寧や惰眠とは違う何かを試みてきたのである。

2 本書の社会学的な意義

「平成的」とは何か

では、本書でたびたび使ってきたこの「平成的」ということばに、内実はあるのだろうか。もっともったいぶって書けば、本書に学術的な意義はあるのだろうか。

一八八九年に公布された大日本帝国憲法で元首と定められた天皇は、死去後に元号を諡号とされるようになる。日本という国の最高権力者である天皇が死去した後、時代を区分した元号を冠される。これによって、元号と天皇と時代が一直線で結ばれるように記憶が作られていった。明治、大正と六十年近くをかけて広まったこの記憶の仕方は、昭和になって定着した。だからこそ、一九四七年の日本国憲法で象徴となったとしても、元号と天皇と時代は離ればなれにならなかった。さらには一九七九年に元号法が成立し、法的根拠も整えられた。にもかかわらず、本書でこれまで見てきたように、「平成」では、一見するとそれらが時代意識と隔たってしまっているかのようだ。そして、本書はただそれだけを強弁してきたかのようだ。そう見えるのも当然かもしれない。本書では「平成的」あるいは「平成らしさ」のようなものが「ない」と、延々と述べてきた。「平成」における時代区分（序章）、経済的なくくり（第1章）、歴史意識（第2章）、文学（第3章）、ニュース（第4章）、批評（第5章）といった、もろもろの事柄が「ない」。本書はただそれだけをしつこく主張してきただけに見えるかもしれない。

取り上げた六つのジャンルで「平成」が「ない」と説得できれば、本書の企ては成功している。逆に、「ある」という反論が出てくれれば、それは、「平成」という元号によるくくりに基づく区分という、本書の議論に乗ってくれた証拠になる。失敗による成功だと屁理屈をこねているだけだろうか。そうではない。

本書の意義は、この問いを見つけたことであり、「平成」という現在進行形の元号をめぐっても、これだけの話を展開できるさまを見せた点にある。「平成」が「ない」ことを頑強に主張するつもりなど全くなく、思考それ自体の面白さを問う点にこそ、本書の独自性がある。本来ならば、元号による時代区分がどのような変化をたどってきたのか、歴史にさかのぼって検証しなければならないし、筆者は既にその一端を修士論文などによって試みたが、本書はそのような完全に学術的な体裁をとらなかった。

現代社会論としての提示

なぜか。

本書をあくまでも現代社会論として提示する仕方にこそ、意味があるからにほかならない。本書第5章で述べたように、「平成」における批評とはレビューである。もはや「深さ」や「浅さ」もなく、ただ浮遊する感覚に基づくことばを受け取るなかで、学問として意味を持つためにも、まずは広い読者に向けて問いたかった。何かについて言わずにはいられない空間に差し出し、そこでの評価を受けてから、あらためて地道に理屈を探す。レビューのように手っ取り早く答えを放り投げるのではなく、逆に、問い続ける営みそのものの快楽を楽しむ。ここに本書の意義があり、再帰性、つまり、自らの議論をそれ自身で検証する性格において、本書は社会学だと自らを位置づけている。だから本書を出発点として次に向かう先は、批評や評論ではなく、あくまでも学問的なことばである。生臭い言い方をすれば、本書の書き手は評論家になるつもりも能力もない。

序章で述べたとおり、本書もまた、ご多分に漏れず「考える私」を売っている。ただ、その売り方は、考える楽しさを理解しないやぼな愚か者を見下し蔑みあわれむといったものではない。本書の書き手は、「考える私」の優位をひけらかすのとは正反対に、悶え苦しむ活字中毒者の滑稽な姿をありのままさらし、誰かをばかにしたり傷つけたりするよりも、傷つけられる側にいる。問い続ける楽しさとは、学級会で司会をつつがなく務める優等生ではなく、話し合いを混乱させる鼻つまみ者にこそふさわしい。これと同様に、社会秩序を問う社会学もまた、ルールの自明性を疑う者がよりよく生きるために問われてきたのではなかったか。何かを声高に論じる者も論じない者も、フラットに同居する時空間こそ「平成的」なのであり、そのなかで営まれる思考だからこそ、本書は現代社会論であり、社会学たらんと試みていると主張してきた。

続く第1章で見たように、「平成」にあっては経済停滞の呼び方が定まらない。にもかかわらず、「不況ですから」、あるいは「長引くデフレの影響で」といった表現が、季節も場所も問わない挨拶がわりの枕詞として、誰もが一度は口にするほどに広まった。決め台詞は詠み人知らずのまま、流行語大賞にノミネートもされず、バズワードとさえならないまま、アベノミクス以降も漂っている。

本書では、「平成不況」「バブル崩壊後」「失われた十年」のどれもが、特徴をつかみきれないまま並列しているありさまを抽出した。けれども、「不況」や「デフレ」といった、ひと言で何かをわかったような気分にさせてしまうことばが醸し出すのは、思考を止める安寧であり、考える営みからの逃避であり、同時代との格闘の忌避である。レビューに頻出することばよりももっと広く、「不況」や「デフレ」が広まったのは、考え続ける作業が面倒だからである。

問い続ける営みそのものの快楽は、レビューのようにひと言でまとめてしまうせっかちな気分とは正反対に、渦中にあってこそ拙速な結論を避ける迂回によって生み出される。第5章で見たように、根拠のない断言を積み重ねる居丈高な「オレオレ批評」ではなく、「コミュニケーション能力」が問われる「平成」の世にあってはマイナスとされる言いよどみや口ごもりやためらいといった振る舞いをこそ、本書は重視してきた。一見すると否定や否認や批判で埋めつくされた、ネガティブ思考のかたまりのように思われるかもしれない。しかしながら、繰り返すように、「平成」が「ない」という議論が正解ならば、本書の試みは成功しているし、「平成」があるとしても、本書は議論の出発点として成功している。融通無碍なのではなく、ことばを交わすとは、性急な決め付けではなく、考え続ける地点のひとこまでしかないし、だからこそ尊いのではないか。

より具体的に言えば、「平成」が四半世紀を過ぎ、「平成」を回顧するモードが見えつつある。むろん、本書序章や第2章で述べたとおり、「平成」は歴史意識を持てない時代としてフラットに記述されるほかないのだが、しかし、それ自体が、「平成」というひとまとまりの時代を振り返るやり方だとも言えるだろう。

既に強調しているように、本書は「平成」が「ない」ことに執着しているわけではなく、「平成」が「ない」という説から、どんな話が展開できるのかの実践なのであって、その意味では、「平成」という時代区分が焦点を結ぶ可能性にも開かれている。第2章では、小熊英二が編んだ『平成史』をカレンダーのような歴史記述だと評したが、それは決して否定ではない。「平成」という元号を掲げた歴史が、反発を含めた関心を集める点にこそ意義がある。元号によって歴史を振り返る作法が、いまだに有効かどうか――その議論を呼び起こすだけでも小熊たちの著作は十分に意味がある。

3 『「平成」論』とは何か

本書のタイトルの意味

では、このような意義を持つ本書が『「平成」論』と題されているのはなぜだろうか。

もとより、「平成論」あるいは「昭和論」「大正論」「明治論」を掲げた本はほとんどない。

たとえば、雑誌「調査情報 第三期」二〇〇九年七月号の特集「平成ニッポン二十年の変化を問う――昭和と何が違うのか?」では、関川夏央や赤坂真理、秋元康、亀山郁夫ら十一人が「私の「平成」論」を綴っている。「「昭和を知らない子供たち」へ」と題した論文で、宮台真司は「共通前提があり得ないことが共通前提になった平成以降の時代が、単なる個人的な思い出の回顧を超えてノスタルジーブームの対象となることは永久にない(4)」と断言する。

はたしてそうだろうか。

既に述べたとおり、小熊英二が編んだ『平成史』をはじめとして、既にいくつもの回顧が見られるし、「平成」も二十五年を過ぎると、少しずつ回顧の気配が生まれつつある。さらに言えば、本書では実態的な変化を問うよりも、「平成」を冠したいくつかの事柄がどんな像を結んだり結ばなかったりするのかを考えてきた。だから、昭和と「平成」の何が違うのかを、ダイレクトに提示してはいない。つまり、『「平成」論』というタイトルは時代意識の観察であり、「平成」という元号の切り口の提供である。そこにこそ現代社会論としての意義があり、時代をどうやって読むのか、「平成」という冠で見るとどうなるか、そして、「平成」というくくりを作った上で語れることとは何かを示してきた。

『「平成」論』と掲げた書物を世に問えることが、すなわち、元号による時代区分を受け入れてきた証しにほかならない。『明治論』や『大正論』『昭和論』が書かれてこなかった理由は、逆にこれまでのほうが、まだ元号による歴史意識が自明になっていなかったからではないか。そんな問題意識もまた、『「平成」論』というタイトルに含まれている。

第4章では、「責任と正義」のツマラナさをあげつらった。何かをする「べき」という論によって、現状の「である」を塗り固めてきた点にこそ、「平成」でのニュースのツマラナさがあるとさんざん嘆いた。そこで本書では、「べき」をあらかじめ決めるのではなく、「である」を問い続ける選択をした。現代社会論たらんとし、いまがどうなっているのかを考え続ける捨て石になろうとした。

よくわからないからこそ頭を動かす。何がわからないのかをわかろうとする。すると、少しずつわかるか、わからない自分のダメさ加減がわかる。マゾヒスティックに自分をいじめているのではない。先に述べたように、わからなさゆえに考える楽しみとは、漸進的な理解からもたらされる喜びであり、一刀両断に全体を説明する暴力的な解決策とは対極にある。もちろんそれは、「考えない」誰か、あるいは「考えが足りない」何者かを下に見て、返す刀で自分を優位に置くような、そんなドロドロした復讐めいた振る舞いではなく、自分もまた、「考えない」地点から少しでも前に進もうとするけなげな努力でしかない。この努力が、どのように実を結ぶのかどうかもわからない。そのわからなさに身をさらす自由こそ、「平成的」な多様さ、フラットさであり、ひとつに定まらない浮遊感ではないか。その浮遊感に浸れるのは、「べき」を積み上げて肥大した強い主体ではなく、少しでも「わかった」ことに喜びを得るささやかな気分ではないか(5)。

経済状況はひと言では言い表せず(第1章)、歴史意識はまとまらず(第2章)、文学は拡散し(第3章)、批評はレビューのように軽い(第5章)。そんななかで求められるのは、「責任と正義」に基づいた正しさを錦の御旗に掲げるツマラナイことばかりだ(第4章)。本書は、そのように読まれてしまうかもしれない。

本書の序章で利点を二つ挙げた。一つは歴史を見るヒントとなる点、もう一つはフラットな記述そのものの快適さだった。はたして本書は、その利点を存分に示せただろうか。

また、天皇抜きの「平成」論に、どれほどの魅力があるのだろうか。いったいどれだけの人が関心を持ってくれるのだろうか。こうした問いに答えるよりも、問いが成立する磁場を見つめたい。

天皇と「平成」の関係が自明ではなくなったからこそ、疑問が納得できるのではないか。天皇と「平成」の間柄がフラットになっているがゆえに、本書の試みが、わざわざ問うまでもないと思われるのではないか。

「平成的」ということばを繰り返した理由もそこにある。「平成らしさ」などないと言ってしまえば簡単だ。本書で例示した「平成不況」や「平成史」「平成文学」といったものには内実がない。だが、その議論は、「平成的」なものの空虚さをひたすら追認してきただけなのかもしれない。

序章で述べたように、天皇に始まり天皇に終わってしまう議論とは別の方法で時代を語る試みとして、本書は書かれた。「昭和」の記憶は、戦争や貧しさ、経済成長や学生運動といった、いろいろな思い出とともに色濃く刻まれている。「平成」は、その渦中にいるから論じられなかったり、顔立ちがはっきりしなかったりする。それは確かだ。けれども、本書で見てきたとおり、「明治」も「昭和」もあるいは「大正」でさえも、元号と結び付く何かを持っていたし、持っているのに対して、「平成」はただそれだけがユーレイのように浮遊している。今上天皇と昭和天皇を比べて、後者に対する前者の軽さを指摘すれば、説明した気分に浸れるかもしれない。だが、天皇抜きの「平成」論とは何かを納得した気になるのではなく、逆に考え続ける試みであり、本書は未完のプロジェクトにほかならない。

序章で、天皇を論じないことは逃げではなく実験なのだと述べたように、本書の記述は寄り道とつまずきに満ちている。あえて論じない態度と無知への開き直りの間にどれほどの違いを示せたのか。そこにこだわるよりも、いまを歴史のなかに位置づけようとしたときに何が見えてくるのか

――そのヒントとして本書は使われる。

別の視点から言い直しておけば、本書で唯一感情が剝き出しになっているのは、序章で昭和天皇の死去を論じた個所だろう。本書の書き手はことばを連ねることが好きだし、だからこそ本書を執筆しているのだが、その楽しさを体現できていない場面があったとすれば、そこではことばに怨念や呪いが込められてしまったからだろう。さらに言えば、誰かを言い負かしたい、あるいは誰かに言い込められたくはないといった、メンツやプライドだけが先走ってしまったからだろう。批判や反論は学知にとってかけがえのない営みだし、議論がどこまで適用できるのか、そしてどのように反証されるのかを示すためにも必要不可欠だ。批判や反論なしに議論は成り立たない、そんな当たり前のことをわざわざ確かめなければならないほど、往々にして感情が論理を打ち負かしてしまう。本書の書き手はわざと失敗したとうそぶくほど狡猾ではないが、しかし、何かを問い続ける楽しさを具体的に示すとすれば、この過ちを反面教師に見立て、情念によって湧き出ることばをできるかぎり抑えようとする態度が必要だろう。

ただし、急いで付け加えなければならないが、それは「べき」に彩られた正論を並べる態度ではない。部分にしかすぎない小ささに居直るのでもなく、そこから少しずつ進む喜びへと開かれている弱さこそ、問い続ける楽しみにほかならない。自らが局域にすぎないことに対する自覚と、その局域の集まりとしての無境界な全体を見通す戒めの視線＝フラットさこそ、「平成的」な自由さである。したがって、「考える私」がエラいなどとは、全く思っていない。

「ニコニコ動画」で私が働いていたときの同僚だった亀松太郎が分析するように、「インターネットの普及によって、「考える力」に何らかの変化が起きているのかもしれない、という感覚は多くの若者が共有している」[6]。そのなかで「考える」とは、ネットで調べた何かとは別の付加価値を見いだす営みであったり、あるいはSNSの空間で人の目を引く文章を綴る営為であったりと、さまざまな内実がフラットに並びつつある。さらに言えば、考えないこともまた、考えることとフラットになりつつあるし、たいして考えずにネットを調べたほうが、自分の頭だけで考えるよりも多くの知識を得られる。繰り返すように、本書の書き手にとっては、「考える私」を売り、そしてその身悶えを鑑賞してもらうのが快楽だが、それを万人が共有する「べき」だとは全く想定していない。それどころか、考えない選択肢も含んでいるからこそ、考える楽しみが際立つのだし、考えない楽しさを肯定するからこそ、考える快楽もまたたたえられる。そんな空間こそ「平成的」だと主張してきた。

4　個人的な体験へ

『「平成」論』から

本章冒頭で「ニコニコ動画」は「平成的」だと述べた。そこにはすべてがあり、その新しさ、猥雑さ、ひとつには回収できないありさまが、いかにも「平成的」だと位置づけた。運営側として働いた私にさえ知ったかぶりを許さないほど、全体は茫漠としている。この捉えどころのなさが「平成的」だとも形容した。

街頭テレビに人びとが群がった昭和三十年代は、「平成」に入ってからしばしば古きよき時代として振り返られるが、「ニコニコ動画」に集まった光景はイメージできないし、ニコニコ超会議を伝説のイベントとして懐かしむ未来は訪れそうもない。「昭和」がはらんでいたパトスは「平成」にいたって失われてしまったと嘆いておけば、事足りるのかもしれない。宮台真司の権威を借りて「平成以降はノスタルジーの対象とはならない」と断言すれば格好がつくのかもしれない。あるいは逆に、坪内祐三が近著『昭和の子供だ君たちも』の末尾に残したメッセージのように、「平成に精神史というものがあったとしても(もちろんそれはあるに違いない)、私にはそれがまだ見えない。それを描くのは私より「あとに来た」人たちの仕事だ[7]」とすることも可能だ。だが、本書はそのような形で、つまり、大きな事件や事故やサブカルチャーなどを通して「平成」の思い出を語ったものではない。

こう書くと、本書は坪内が促す「平成の精神史」の試みを否定しているかのように受け取られてしまうかもしれないが、ダメだなどとは全く言っていないし、むしろ積極的に肯定していることを何度でも強調しておきたい。本書は「平成」をめぐることばの運動に着目し、それが明確な像を結ばなかったり、あるいは、そもそも像がなかったりする、そんな特徴を見いだしてきた。だからこそ、坪内が勧めるように「平成の精神史」や「平成らしさ」をつくればいいという主張にはもちろん深く頷くし、本書の書き手もまた、どこかでその煽動に乗るかもしれない。繰り返しになるけれども、本書の主張や論述に対して、「平成らしさはある」とか「平成的なものをつくればいい」といった反論が寄せられることそれ自体が本書にとって成功であり、元号をもとに議論ができることを示している。

本書はその帰趨が「わからない」ところから、再び出発するための礎となりたい。すべてを見通す視線でクリアによどみなく、立て板に水のように説明し続けるのが社会学者だとすれば、私はそうではないし、今後もそうなれるかどうかわからない。このわからなさを抱えたまま、「平成」について、あるいは「元号」について頭を抱える楽しさを、本書では実践してきた。寄り道や迂回、道に迷う情けない姿をありのままにさらすことこそ、現代社会を論じる醍醐味ではないのか。そう考えてきた。「全体性を見通せない」が全体性への最大限の言及になるほど局所化した現代社会にあって、社会学者がすべてを説明できるかのような期待は高まるばかりだ。だがはたして、それは社会学者のためにも、そして社会のためにも幸せな関係なのだろうか。そんな疑問への解答を本書は身をもって示してきた。

だから、本書はところどころで個人的な体験を書き連ねてきたし、あたかも自分を特権的な高みに置いて超越的な存在として語れるかのような正しさとは正反対に、自由になろうと試みてきた。「責任と正義」のお札をぶらさげておけば、また、被害者に寄り添う優等生の身振りをふまえておけばすべてが許されるかのような風潮にこそ、本書は異を唱えてきた。その意味では、本書は実は最も「平成的」では「ない」。フラットに出来事を並べるのでも、多様なジャンルを見通せずに右往左往するのでもなく、「オレオレ批評」をぶらさげて「メタメタ批評」に堕落するのでもない。とはいえ、そういった「平成的」なものとは対極にあろうともがいてきたため、結果としていくつもの罠にからめとられてしまったのかもしれない。だとすれば、本書はやはり「平成的」なあり方を自ら示した点で、最も「平成的」なものかもしれない。

そのいずれだとしても、本書は説明できないことやわからないことをありのままに受け入れ、「平成」によって表象されるものの弱さに目を向けてきた。何かですべてを説明できるわけではないという常識を確かめてきたのが「平成論」であり、そこから次なる議論が紡ぎ出されるとすれば、本書にとって望外の喜びである。

注

（1）佐々木俊尚『ニコニコ動画が未来を作る――ドワンゴ物語』（アスキー新書）、アスキー・メディアワークス、二〇〇九年

（2）濱野智史『アーキテクチャの生態系――情報環境はいかに設計されてきたか』ＮＴＴ出版、二〇〇八年

（3）川上量生『ルールを変える思考法』（角川ＥＰＵＢ選書）、KADOKAWA、二〇一三年

（4）宮台真司「「昭和を知らない子供たち」へ」、ＴＢＳメディア総合研究所編「調査情報 第三期」二〇〇九年七・八月号、ＴＢＳテレビ、五二ページ

（5）後述の「呪い」とともに、「楽しみ」を語ることに関する戒めを、千野帽子が二〇一四年二月十四日に「twitter」に投稿した一連のつぶやきから得た。http://twitter.com/chinoboshka/status/434314197304750080 などを参照（最終アクセス日二〇一四年三月三十一日）

（6）亀松太郎「ネットの普及で何らかの変化が「考える力」に起きていると若者はいう」「Journalism」二〇一四年二月号、朝日新聞社ジャーナリスト学校、三九ページ
（7）坪内祐三『昭和の子供だ君たちも』新潮社、二〇一四年、二八一ページ

参考文献一覧＊発行年順、著者アルファベット順

一九三四年（昭和九年）
菊池寛「話の屑篭」「文藝春秋」一九三四年四月号、文藝春秋

一九四九年（昭和二十四年）
吉田精一／荒正人／佐々木甚一／友野代三／平野謙／本多秋五／平田次三郎「座談会　昭和文学を語る」、近代文学社編「近代文学」一九四九年七月号、近代文学社

一九五〇年（昭和二十五年）
瀬沼茂樹「昭和詩の出発――昭和文学史のための覚書」、至文堂編「国文学――解釈と鑑賞」一九五〇年一月号、至文堂

一九五三年（昭和二十八年）
椎名麟三／梅崎春生／野間宏／安部公房／本多秋五／平野謙／荒正人／佐々木甚一「戦後文学の総決算」「近代文学」一九五三年一月号、近代文学社

一九五五年（昭和三十年）
遠山茂樹／今井清一／藤原彰『昭和史』（岩波新書）、岩波書店、一九五五年（同書の新版は一九五九年に刊行）

一九五七年（昭和三十二年）
小田切秀雄編『講座日本近代文学史』大月書店、一九五七年

一九六〇年（昭和三十五年）
「朝日新聞」一九六〇年一月一日付、「年頭所感　明るい国民生活を　内閣総理大臣岸信介」

本多秋五『物語戦後文学史』新潮社、一九六〇年
一九六二年（昭和三十七年）
伊藤整／稲垣達郎／勝本清一郎／成瀬正勝／吉田精一編『現代日本文学講座――鑑賞と研究』三省堂、一九六二年
一九六三年（昭和三十八年）
小林秀雄「様々なる意匠」『Xへの手紙・私小説論』（新潮文庫）、新潮社、一九六三年
一九六五年（昭和四十年）
山路愛山「明治文学史」、大久保利謙編『山路愛山集』（「明治文学全集」第三十五巻）所収、筑摩書房、一九六五年（初出は明治二十六年〔一八九三年〕）
一九六七年（昭和四十二年）
久保常晴『日本私年号の研究』吉川弘文館、一九六七年
一九七〇年（昭和四十五年）
「朝日新聞」一九七〇年一月一日付、「佐藤首相の記者会見要旨」
「朝日新聞」一九七〇年七月二十九日付、「最長の元号「昭和」」
一九七二年（昭和四十七年）
田中角栄『日本列島改造論』（日刊工業新聞社）
一九七五年（昭和五十年）
桑原武夫「元号について」「世界」一九七五年八月号、岩波書店

一九七六年（昭和五十一年）
北村透谷「日本文学史骨　明治文学管見の一」、小田切秀雄編『北村透谷』（「明治文学全集」第二十九巻）所収、筑摩書房、一九七六年（初出は明治二十六年〔一八九三年〕）

一九八〇年（昭和五十五年）
「朝日新聞」一九八〇年一月一日付、「量的拡大より質的拡大を　首相、80年代へ所信表明」

一九八一年（昭和五十六年）
井上俊『遊びと文化――風俗社会学ノート』アカデミア出版会、一九八一年

一九八六年（昭和六十一年）
保田與重郎「明治の精神」『保田與重郎全集』第五巻、講談社、一九八六年

一九八九年（昭和六十四年＝平成元年）
「毎日新聞」一九八九年四月二十九日付一面、「天皇制、「象徴がよい」が83％――本社世論調査」
大岡昇平「二極対立の時代を生き続けたいたわしさ」、朝日新聞社編「朝日ジャーナル」一九八九年一月二十日号、朝日新聞社
森崎和江／加賀乙彦／見田宗介「「昭和」との訣別にあたって言っておきたいこと」、朝日新聞社編「朝日ジャーナル」一九八九年一月二十五日臨時増刊号、朝日新聞社
鈴木貞美『「昭和文学」のために――フィクションの領略　鈴木貞美評論集』（〈昭和〉のクリティック）、思潮社、一九八九年
「読売新聞」一九八九年一月十日付一面、「「新元号・平成」、好感が61％象徴制、82％が支持」
「読売新聞」一九八九年二月十日付、「「昭和」「平成」のイメージ／読売新聞社全国世論調査」

一九九一年（平成三年）

ジョン・K・ガルブレイス『バブルの物語――暴落の前に天才がいる』鈴木哲太郎訳、ダイヤモンド社、一九九一年

一九九二年（平成四年）
蓮實重彥「「大正的」言説と批評」、柄谷行人編著『近代日本の批評　明治・大正篇』所収、福武書店、一九九二年
宮崎義一『複合不況――ポスト・バブルの処方箋を求めて』（中公新書）、中央公論社、一九九二年
多木浩二／内田隆三「序――零の修辞学について」、多木浩二／内田隆三編『零の修辞学――歴史の現在』（「Série Saison」第五巻）所収、リブロポート

一九九三年（平成五年）
日本経済新聞社編『平成不況は終わった――景気回復の波を読む』日本経済新聞社、一九九三年
佐藤俊樹『近代・組織・資本主義――日本と西欧における近代の地平』ミネルヴァ書房、一九九三年

一九九四年（平成六年）
佐和隆光『平成不況の政治経済学――成熟化社会への条件』（中公新書）、中央公論社、一九九四年

一九九五年（平成七年）
鹿島茂「「『挫折』の昭和史」山口昌男――「ありうべき平成史」への見取図」「文學界」一九九五年七月号、文藝春秋
高橋源一郎『文学じゃないかもしれない症候群』（朝日文芸文庫）、朝日新聞社、一九九五年
山口昌男『「挫折」の昭和史』岩波書店、一九九五年

一九九六年（平成八年）
所功『年号の歴史〈増補版〉――元号制度の史的研究』（雄山閣books）、雄山閣出版、一九九六年

一九九七年（平成九年）

戸川芳郎「元號「平成」攷」「二松――大学院紀要」第十一巻、二松学舎大学、一九九七年
オリビエーロ・トスカーニ『広告は私たちに微笑みかける死体』岡元麻理恵訳、紀伊國屋書店、一九九七年

一九九八年（平成十年）
『90年代J文学マップ――絶対読みたい現代作家ファイル99人』（文藝別冊）、河出書房新社、一九九八年
岩井克己「平成流とは何か――宮中行事の定量的・定性的分析の一試み」、近代日本研究会編『年報・近代日本研究20――宮中・皇室と政治』所収、山川出版社、一九九八年
大澤真幸『戦後の思想空間』（ちくま新書）、筑摩書房、一九九八年
佐藤俊樹「近代を語る視線と文体――比較のなかの日本の近代化」、高坂健次／厚東洋輔編『講座社会学1　理論と方法』所収、東京大学出版会、一九九八年

一九九九年（平成十一年）
『J文学をより楽しむためのブックチャートBEST200』（文藝別冊）、河出書房新社、一九九九年

二〇〇〇年（平成十二年）
浅田彰「「J回帰」の行方」「Voice」二〇〇〇年三月号、ＰＨＰ研究所（http://www.kojinkaratani.com/criticalspace/old/special/asada/voice0003.html）［最終アクセス二〇一四年四月二日］
遠藤知巳「メディアを遊ぶ人びと」、樺山紘一編『新・社会人の基礎知識101』（New basic knowledge about society）所収、新書館、二〇〇〇年
佐藤健二「ニュースという物語」「ニュースの誕生――かわら版と新聞錦絵の情報世界」（http://www.um.u-tokyo.ac.jp/publish_db/1999news/04/404/0404.html）［最終アクセス二〇一四年四月二日］
絓秀実／清水良典／千葉一幹／山田潤治「九〇年代日本文学決算報告書　激論座談会「リアル」は取り戻せたか」「文學界」二〇〇〇年一月号、文藝春秋

二〇〇一年（平成十三年）
井上定彦「日本経済「失われた10年」の現状認識と政策の論点をめぐって」、島根県立大学北東アジア地域研究センター編「北東アジア研究」第二号、島根県立大学北東アジア地域研究センター、二〇〇一年
北田暁大「歴史の政治学」、吉見俊哉編『知の教科書　カルチュラル・スタディーズ』（講談社選書メチエ）所収、講談社、二〇〇一年
佐藤健二『歴史社会学の作法――戦後社会科学批判』（現代社会学選書）、岩波書店、二〇〇一年

二〇〇二年（平成十四年）
菅野昭正／川本三郎／三浦雅士「集中討議「平成文学」とは何か――1990年代の文学と社会から」「新潮」二〇〇二年一月号、新潮社
佐藤俊樹『〇〇年代の格差ゲーム』中央公論新社、二〇〇二年
柳川範之「バブルとは何か――理論的整理」、村松岐夫／奥野正寛編『平成バブルの研究　形成編――バブルの発生とその背景構造』上所収、東洋経済新報社、二〇〇二年

二〇〇三年（平成十五年）
小谷野敦『反＝文藝評論――文壇を遠く離れて』新曜社、二〇〇三年
松尾スズキ「平成と大人計画」「文學界」二〇〇三年二月号、文藝春秋
桶谷秀昭「平成とは何か」「文學界」二〇〇三年二月号、文藝春秋
田中秀臣／安達誠司『平成大停滞と昭和恐慌――プラクティカル経済学入門』（ＮＨＫブックス）、日本放送出版協会、二〇〇三年
坪内祐三『一九七二――「はじまりのおわり」と「おわりのはじまり」』文藝春秋、二〇〇三年

二〇〇四年（平成十六年）
伊東光晴編『岩波　現代経済学事典』岩波書店、二〇〇四年

柄谷行人「近代日本の言説空間」『定本 柄谷行人集』第五巻、岩波書店、二〇〇四年
丸谷才一「袖のボタン――元号そして改元」「朝日新聞」二〇〇四年五月四付
永江朗『批評の事情――不良のための論壇案内』(ちくま文庫)、筑摩書房、二〇〇四年
大竹文雄/柳川範之編著『平成不況の論点――検証・失われた十年』東洋経済新報社、二〇〇四年
大塚英志『サブカルチャー文学論』朝日新聞社、二〇〇四年

二〇〇五年(平成十七年)
伊藤隆敏/ヒュー・パトリック/デビッド・ワインシュタイン編『ポスト平成不況の日本経済――政策志向アプローチによる分析』祝迫得夫監訳、日本経済新聞社、二〇〇五年
橘川武郎「「失われた10年」の意味」、東京大学社会科学研究所編『経済危機の教訓』(「失われた10年」を超えて」第一巻)所収、東京大学出版会、二〇〇五年
大澤真幸『思想のケミストリー』紀伊國屋書店、二〇〇五年
齋藤希史『漢文脈の近代――清末=明治の文学圏』名古屋大学出版会、二〇〇五年

二〇〇六年(平成十八年)
長谷正人「研究動向 分野別研究動向(文化)――「ポストモダンの社会学」から「責任と正義の社会学」へ」「社会学評論」第五十七巻第三号、日本社会学会、二〇〇六年
原宏之『バブル文化論――〈ポスト戦後〉としての一九八〇年代』慶應義塾大学出版会、二〇〇六年
村田晃嗣『プレイバック1980年代』(文春新書)、文藝春秋、二〇〇六年
宮沢章夫『東京大学「80年代地下文化論」講義』白夜書房、二〇〇六年
仲正昌樹『集中講義!日本の現代思想――ポストモダンとは何だったのか』(NHKブックス)、日本放送出版協会、二〇〇六年
都築響一『バブルの肖像』アスペクト、二〇〇六年

二〇〇七年(平成十九年)

本上まもる『〈ポストモダン〉とは何だったのか――1983―2007』（ＰＨＰ新書）、ＰＨＰ研究所、二〇〇七年
小峰隆夫編『経済用語辞典 第四版』東洋経済新報社、二〇〇七年
東浩紀／大澤信亮／佐々木敦「座談会 ハブ＆ショート――閉塞を打ち破り、地図を描きかえるのだ！」「論座」二〇〇八年五月号、朝日新聞社
遠藤知巳「「八〇年代」の遠近法」、新書館編「大航海――歴史・文学・思想」第六十八号、新書館、二〇〇八年（平成二十年）
古井由吉／福田和也「特別対談 平成の文学について」「新潮」二〇〇八年一月号、新潮社
濱野智史『アーキテクチャの生態系――情報環境はいかに設計されてきたか』ＮＴＴ出版、二〇〇八年
原宏之「ポストバブル文化論」、岩崎稔／上野千鶴子／北田暁大／小森陽一／成田龍一編著『戦後日本スタディーズ――「80・90」年代』第三巻所収、紀伊國屋書店、二〇〇八年
岩崎稔／上野千鶴子／北田暁大／小森陽一／成田龍一編著『戦後日本スタディーズ――「80・90」年代』第三巻、紀伊國屋書店、二〇〇八年
香山リカ『ポケットは80年代がいっぱい』バジリコ、二〇〇八年、
水無田気流「言論のハイパーインフレ畑でつかまえて」「論座」二〇〇八年五月号、朝日新聞社
野口悠紀雄『戦後日本経済史』（新選選書）、新潮社、二〇〇八年
荻上チキ「ハブメディアを構築せよ」「論座」二〇〇八年五月号、朝日新聞社
佐藤俊樹「事件を語る現代――解釈と解釈ゲームの交錯から」、大澤真幸編『アキハバラ発〈〇〇年代〉への問い』所収、岩波書店、二〇〇八年
辻井喬／上野千鶴子『ポスト消費社会のゆくえ』（文春新書）、文藝春秋、二〇〇八年
津島佑子／川村湊／松浦寿輝「平成年間の代表作を読む「ポスト昭和」の時代と文学――座談会」「中央公論」二〇〇八年七月号、中央公論新社
宇野常寛「「免罪符商法」でミニコミ化する論壇誌に告ぐ」「論座」二〇〇八年五月号、朝日新聞社

二〇〇九年（平成二十一年）
朝日新聞「変転経済」取材班編『失われた〈20年〉』岩波書店、二〇〇九年
「（検証 昭和報道）平成よりも前向きで明るく 世論調査に見る昭和」「朝日新聞」二〇〇九年三月三十日付
ポール・ド・マン「批評と危機」宮崎裕助訳、表象文化論学会編「表象」第三号、表象文化論学会、二〇〇九年
宮台真司「「昭和を知らない子供たち」へ」、ＴＢＳメディア総合研究所編「調査情報 第三期」二〇〇九年七・八月号、ＴＢＳテレビ
村上春樹『１Ｑ８４ ＢＯＯＫ２〈七月―九月〉』新潮社、二〇〇九年
ケネス・ジェームス・ルオフ『国民の天皇――戦後日本の民主主義と天皇制』木村剛久／福島睦男訳（岩波現代文庫）、岩波書店、二〇〇九年
佐々木敦『ニッポンの思想』（講談社現代新書）、講談社、二〇〇九年
佐々木俊尚『ニコニコ動画が未来を作る――ドワンゴ物語』（アスキー新書）、アスキー・メディアワークス、二〇〇九年
佐藤俊樹『格差ゲームの時代』（中公文庫）、中央公論新社、二〇〇九年
鈴木貞美『「日本文学」の成立』作品社、二〇〇九年

二〇一〇年（平成二十二年）
遠藤知巳「フラット・カルチャーを考える」、遠藤知巳編『フラット・カルチャー――現代日本の社会学』所収、せりか書房、二〇一〇年
福田和也『現代人は救われ得るか――平成の思想と文芸』新潮社、二〇一〇年
片岡剛士『日本の「失われた20年」――デフレを超える経済政策に向けて』藤原書店、二〇一〇年
北田暁大「特集 社会の批評（社会の批評 Introduction）」、東浩紀／北田暁大編『思想地図』第五巻（「ＮＨＫブックス」別巻）所収、日本放送出版協会、二〇一〇年
毛里裕一「論壇」、北田暁大責任編集『コミュニケーション――自由な情報空間とは何か』（「自由への問い」第四巻）所収、岩波書店、二〇一〇年
中村秀之『瓦礫の天使たち――ベンヤミンから〈映画〉の見果てぬ夢へ』せりか書房、二〇一〇年

佐藤俊樹「サブカルチャー／社会学の非対称性と批評のゆくえ」、前掲『思想地図』第五巻所収
武田徹『殺して忘れる社会――ゼロ年代「高度情報化」のジレンマ』河出書房新社、二〇一〇年
渡辺浩『日本政治思想史――十七～十九世紀』東京大学出版会、二〇一〇年

二〇一一年（平成二十三年）

苅部直「浮遊する歴史――一九九〇年代の天皇論」『歴史という皮膚』岩波書店、二〇一一年
大瀧雅之『平成不況の本質――雇用と金融から考える』（岩波新書）、岩波書店、二〇一一年
竹内洋「「解説」教養ある公共知識人の体現者Ｊ・Ｓ・ミル」、Ｊ・Ｓ・ミル『大学教育について』竹内一誠訳（岩波文庫）所収、岩波書店、二〇一一年

二〇一二年（平成二十四年）

浅岡隆裕『メディア表象の文化社会学――〈昭和〉イメージの生成と定着の研究』ハーベスト社、二〇一二年
後藤武士「読むだけですっきりわかる〝平成史〟平成二十三年（二〇一一）前編」「宝島」二〇一二年一月号、宝島社
金子勝／神野直彦『失われた30年――逆転への最後の提言』（ＮＨＫ出版新書）、ＮＨＫ出版、二〇一二年
槙田雄司『一億総ツッコミ時代』（星海社新書）、星海社、二〇一二年
小熊英二編著『平成史』（河出ブックス）、河出書房新社、二〇一二年
ジョージ・ポットマン『ジョージ・ポットマンの平成史』大和書房、二〇一二年
鈴木智之／西田善行編著『失われざる十年の記憶――一九九〇年代の社会学』青弓社、二〇一二年
田幸和歌子『大切なことはみんな朝ドラが教えてくれた』太田出版、二〇一二年
吉川洋『高度成長――日本を変えた6000日』（中公文庫）、中央公論新社、二〇一二年

二〇一三年（平成二十五年）

波戸岡景太『ラノベのなかの現代日本――ポップ／ぼっち／ノスタルジア』（講談社現代新書）、講談社、二〇一三年
堀井憲一郎『かつて誰も調べなかった百の謎――ホリイのずんずん調査』文藝春秋、二〇一三年

今井彰『赤い追跡者』新潮社、二〇一三年
色川大吉『平成時代史考――わたしたちはどのような時代を生きたか』（やまかわうみ別冊）、アーツアンドクラフツ、二〇一三年
川上量生『ルールを変える思考法』（角川ＥＰＵＢ選書）、KADOKAWA、二〇一三年
宮崎哲弥／青木理「対談 体験的コメンテーター論 いまテレビで語るということ」、ＴＢＳメディア総合研究所編「調査情報 第三期」二〇一三年九―十月号、ＴＢＳテレビ
「こころ」vol.16、平凡社、二〇一三年
水野和夫／大澤真幸『資本主義という謎――「成長なき時代」をどう生きるか』（ＮＨＫ出版新書）、ＮＨＫ出版、二〇一三年
中井久夫『「昭和」を送る』みすず書房、二〇一三年
太田省一『社会は笑う・増補版――ボケとツッコミの人間関係』（青弓社ライブラリー）、青弓社、二〇一三年
酒井順子『ユーミンの罪』（講談社現代新書）、講談社、二〇一三年
佐々木実『市場と権力――「改革」に憑かれた経済学者の肖像』講談社、二〇一三年
佐藤俊樹「常識をうまく手放す――集計データから考える」、山本泰／佐藤健二／佐藤俊樹編著『社会学ワンダーランド』所収、新世社、二〇一三年
戸邉秀明「歴史のひろば ＮＨＫ「連続テレビ小説」が創り出す歴史意識――「国民的ドラマ」という装置への批判的覚書」、歴史科学協議会編集「歴史評論」二〇一三年一月号、校倉書房

二〇一四年（平成二十六年）

古井由吉『半自叙伝』河出書房新社、二〇一四年
後藤武士『読むだけですっきりわかる平成史』（宝島SUGOI文庫）、宝島社、二〇一四年
濱野智史「情報化――日本社会は情報化の夢を見るか」、小熊英二編著『平成史 増補新版』（河出ブックス）所収、河出書房新社、二〇一四年
亀松太郎「ネットの普及で何らかの変化が「考える力」に起きていると若者はいう」「Journalism」二〇一四年二月号、朝日新聞社ジャーナリスト学校

小熊英二「総説　「先延ばし」と「漏れ堕ちた人びと」」、小熊英二編著『平成史　増補新版』（河出ブックス）所収、河出書房新社、二〇一四年
小熊英二編著『平成史　増補新版』（河出ブックス）、河出書房新社、二〇一四年
鈴木洋仁「元号の歴史社会学・序説――「明治の精神」を事例として」「東京大学大学院情報学環紀要　情報学研究」第八十六号、二〇一四年
坪内祐三『昭和の子供だ君たちも』新潮社、二〇一四年

あとがき

ずっと違和感を覚えてきた。「いま」の世の中にずっと馴染めなかったし、いまもよくわからない。中二病的な実存の悩みではなく、何がわかっているのか、あるいは何がわからないのか、それさえもよくわからないまま時が流れている。

そんな自信のなさを塗りつぶすように、ベラベラと口を動かしてきた。いまこのときが心地よければ、何かをことばにしたり、表現したり、訴えたりする必要は全くない。自分のわからなさや手応えのなさを何とか理解しようとするから、ことばや理屈を求める。

「平成」という「いま」について考えているのも、よくわからないからだし、自分が何を理解できているのか／いないのかについても、曖昧なまま書き始めてしまった。日本語圏での元号の性格を解明するには、それ自体の歴史や西暦との比較はもちろん、中国やイスラムにも目を向けたいと思っているが、果たせていない。修士論文でその一端は試みたが、まだ始めたばかりだ。もとより、本書は「元号」そのものについての議論にはこだわっていない。「ヒロヒト」という名前を持つとはいえ、天皇についての関心は薄いし、名前を理由に「元号」に引き付けられたわけでもない。そう名付けた父親の思いに賛同するかどうかはともかく、この名前に特別な思い入れはないし、日本の知識人の多くが天皇を嬉々として論じる姿にも、端的に興味が持てない。天皇を「あえて」避けが本音だ。

たというよりも、「平成」をフラットに論じているなかで、言及する必要を感じなかったというの
「現代社会についてはわからない、それがわかった」というのが、終章でも述べたように、本書の到達点だ。そんなことがわかったところで、何の得があるのか。おそらく得はないし、ことばや理屈は往々にして、というよりもほとんどの場合、そのようなものでしかない。他の人を説得するために費やされることばではなく、ただことばや理屈や考え、それ自体の楽しさを求めること。世の中のすべてが一瞬でわかったかのように説明するよりも、「わからない」ところで立ち止まり、右往左往し、何度も転んだり戻ったりしながら考えること。「平成」の社会学がその名にふさわしく「社会」を隅から隅までわからせてくれるものだったとしたら、本書は、なぜそのような社会学が求められたのかについての証左ともなるだろう。「わからなさ・手応えのなさ」を結論とするなど、社会学だけでなく、ありとあらゆる学問で考えられない、ばかげた振る舞いかもしれない。けれども、「わからない」ところから始まることがたくさんあるのではないか。

そんなこと、つまり、どこまで考えてもこの社会が「わからない」というあきらめと、だからこそ考え続ける希望を同時に持つ愉楽を教えてくれたのは、社会学者の方々だった。学部時分に最も多くの時間をご一緒して頂いたのは葛山泰央さんだったし、大澤真幸さんからは大学の内外でことばに尽くせないほどお世話になった。落合恵美子先生、近森高明さん、そして立岩真也さんには、学部や大学の垣根を超えて自由に学ばせていただいた。テレビ局での勤務を経て大学院進学を希望した私を引き取ってくれたのは、現在も指導を仰いでいる北田暁大先生である。

さらに、本書のもとである東京大学大学院学際情報学府に提出した修士学位論文「元号の歴史社会学」の執筆にあたっては、北田先生と毛里裕一さんや北田ゼミの先輩方をはじめ、多くの社会学者の方から数えきれないほどの示唆を頂戴した。佐藤健二先生のゼミでは「歴史社会学」の奥行きと困難と醍醐味を学ばせていただいている。佐藤俊樹さんのゼミは稽古場というよりも、どれだけ頭を動かせるのかを問われる試験会場であり続けている。遠藤知巳さんをはじめとする「社会解釈学研究会」は膨大な知識だけでなく、私にとってあまりに高度な議論の場となっている。「わからない」とはどういう体験なのかを身をもって「わからせて」くれる場は、あの空間をおいてほかにない。佐藤さんと遠藤さんに、呆れられながらも接していただける僥倖を日々噛みしめている。また、「楽しさ」と「厳しさ」は二律背反どころか同じだと身をもって示してもらえた「全身社会学者」長谷正人さん、そして長谷さんをはじめとした「文化社会学研究会」のみなさんから、構想段階で何度もコメントをいただいた。二つの研究会でお世話になっている加藤裕治さん、菊池哲彦さん、野上元さん、石倉義博さんにもあらためてお礼を申し上げたい。関東社会学会で若林幹夫さんから授かった丹念なコメントや、日本社会学会で井上俊先生や奥村隆先生と興じた「雑談」、「SM研究会」での奥村先生、浅野智彦先生、赤川学先生、出口剛司先生との議論からも背中を押していただいた。

こうした社会学者見習いの私の議論が、「中村光夫のフランス留学体験」なる卒業論文とも呼べないエッセーを受け入れてくださった指導教員・稲垣直樹先生をはじめ、多賀茂先生、池田浩士先生、田邊玲子先生、大浦康介さんといった、学部のときにご指導をいただいた文学者の方々にどのように映るのか。大浦さんが班長の京都大学人文科学研究所共同研究「日本の文学理論・芸術理論」の班員のみなさんにも顔向けできるのか、はなはだ心もとない。けれども、十年ぶりの卒業論文として今回もご海容いただけるものと信じているし、それが京都大学の自由であり、文学の自由だと勝手に信じている。

「社会学者」とした肩書はあくまでも便宜上にすぎず、いまだ何者でもないにもかかわらず、大上段から現代社会論をぶつ本書が名著『社会は笑う』と同じ青弓社ライブラリーに収められるのは望外の喜びであるとともに、不遜ながら必然だとも思っている。同書の著者・太田省一さんにはご迷惑だろうが、一九八〇年代以降のお笑いについての明快な解説でありながら、しかし、あの本もまた、「わからない」という不思議さの共有に向けて開かれている。その点で必然だと思っている。

「『社会は笑う』のような本が書きたいんです」という傲慢きわまりない申し出を受け入れてくださったばかりか、修士論文を書いただけの馬の骨に単行本書き下ろしのチャンスを与えるという蛮勇を奮い、常に面白がってくださった青弓社の矢野未知生さんに、最後になってしまったが、心から お礼を申し上げたい。

二〇一四年（平成二十六年）四月十一日

［著者略歴］
鈴木洋仁（すずき　ひろひと）
1980年、東京都生まれ
2004年、京都大学総合人間学部卒業、同年、関西テレビ放送入社、10年、ドワンゴを経て、現在は、東京大学大学院学際情報学府博士課程、東京大学大学院総合文化研究科・教養学部附属共生のための国際哲学研究センター（UTCP）研究協力者（独立行政法人国際交流基金勤務）
専攻は歴史社会学
論文に「元号の歴史社会学・序説――「明治の精神」を事例として」（「東京大学大学院情報学環紀要 情報学研究」第86号）など

青弓社ライブラリー82

「平成《へいせい》」論《ろん》

発行――2014年4月30日　第1刷

定価――1600円＋税

著者――鈴木洋仁

発行者――矢野恵二

発行所――株式会社青弓社
〒101-0061 東京都千代田区三崎町3-3-4
電話 03-3265-8548（代）
http://www.seikyusha.co.jp

印刷所――三松堂

製本所――三松堂

ISBN978-4-7872-3375-2 C0336